新人からベテランまで使える

大人のための
敬語の使い方BOOK

佐藤幸一 著

SOGO HOREI Publishing Co., Ltd

はじめに

「言葉遣い」は人間関係の基本となるものです。

　ぞんざいな言葉を使ってしまうと、そんなつもりは
なくても、相手に不快感を与えてしまい、あなたの印
象はとても悪くなってしまいます。

　この言葉遣いの基本となるのが「敬語」です。

　特に仕事の場においては、正しい敬語を使うことが
求められます。

　一見、丁寧な言葉遣いをしていても、敬語として正
しいとは言えない場合がかなりあるものです。

　代表的なものとしては、「よろしかったですか？」
というような言い回しのいわゆる「バイト敬語」や、
「おっしゃられる」など、必要がないところで「れ
る」という言葉をつけてしまうような「二重敬語」と
いったものです。

　実際は、言葉に気持ちがこもっていれば、多少の間
違いは気にしなくても問題ないことがほとんどです。
しかし、正しいとは言えない敬語を身につけてしまう

と、周囲に違和感を与え続けることになってしまい、次第にあなたの印象が悪くなり、評価にも影響してくるかもしれません。

　本書では、仕事の場をはじめとする様々なシーンでの敬語の使い方について、×「間違っているもの」→○「正しいもの」といった形で紹介し、解説いたしました。
　つい間違ってしまいがちな場面を多く取り上げましたので、手元に置いていただき、参考にしていただければ嬉しく思います。

本書の使い方

この本では、ビジネスなどで必要な敬語の使い方をシチュエーション別に紹介しています。相手を不快にさせないだけではなく、しっかりと自己主張もできるように、ぜひ活用してください。

使うシーン
ビジネスなどでよく使うシーンごとに分けて紹介します。知りたいシーンがすぐに探せます。

シチュエーション
どのような状況で使うべきか、どういう人に向けて使うべきかを示しています。

普段使うフレーズ
普段使いがちな間違った言い方を挙げています。

印象を変えるフレーズ
印象を変える一言フレーズを紹介しています。

フレーズを用いた例
印象を変えるフレーズを用いた実例や、応用例を紹介しています。

ワンポイントアドバイス
印象を変えるフレーズを使うときの注意点や、普段使うフレーズの問題点などを紹介しています。

シーン

挨拶

挨拶は、人間関係の基本中の基本。目上の人はもちろん、同僚などに対しても、しっかりとした挨拶を心掛けましょう。

朝、挨拶するとき

✗ おはよう

○ **おはようございます**

実例 おはようございます。昨日はご馳走様でした。

POINT 朝の挨拶はさわやかに。前日お世話になった上司などにはきちんとお礼を言うようにしましょう。

目上の人に対して

✗ ご苦労様です

○ **お疲れ様です**

実例 高橋課長、お疲れ様です。

POINT 目上の人に対しては「お疲れ様です」、目下の人をねぎらうときは「ご苦労様です」を使います。

18

CONTENTS

はじめに 2

本書の使い方 4

序章 敬語の基本 11

第 1 章　社内の人への敬語

挨拶 18

基本的な受け答え 22

報告・連絡するとき 32

相談するとき 39

質問するとき 46

詫びるとき 50

社内会議のとき 52

上司との食事のとき 54

日常の声かけ 59

コラム 美化語 62

第2章 社外の人への敬語

挨拶	64
基本的なやりとり	66
依頼するとき	68
催促するとき	71
質問するとき	73
断るとき	77
来客への対応	80
約束のない来客への対応	88
自分の来客への対応	91
アポイントを取るとき	95
訪問・商談のとき	98
プレゼンのとき	111
接待するとき	114
接待されるとき	118
接客のとき	120
コラム 若者言葉	126

第 3 章　電話・メール における敬語

電話に出るとき ──────────── 128

電話を取り次ぐとき ────────── 134

電話を取り次いでもらったとき ──── 141

社外に電話をするとき ──────── 143

クレーム対応 ──────────── 151

メールを送るとき ───────── 155

コラム 大和言葉 ───────── 158

第 4 章　日常生活 での敬語

お見舞いのとき ──────────── 160

家を訪問するとき ─────────── 163

自宅に知人を招くとき ────────── 167

近所づきあいで ──────────── 169

道や乗り物で ……………………………………………………… 171

知人と話すとき ………………………………………………… 175

お店などで ………………………………………………………… 178

結婚式で …………………………………………………………… 180

葬儀で ……………………………………………………………… 182

おわりに ……………………………………………………………… 184

付録 敬語への言い換え早見表 …………………………… 186

ブックデザイン／木村　勉
イラスト／しゅんぷん
DTP／横内俊彦
校正／矢島規男

序 章

敬語の基本

この章では、敬語の基本について解説します。
尊敬語、謙譲語、丁寧語の目的と役割を理解
すると、敬語の学習がよりスムーズに進むで
しょう。

大人として
身につけておきたい
敬語の基本

　敬語の目的とは、尊敬する人や目上の人といった大切な人に対して丁寧な言葉遣いをして、相手を敬う気持ちを表現することにあります。

　敬語には主に３つの種類があり、その役割は次のとおりです。

尊敬語
相手のことを上げる言い方です。例えば「言う」は「おっしゃる」、「知る」は「ご存じ」となります。

謙譲語
自分のことを下げる言い方です。「言う」は「申し上げる」、「知る」は「存じ上げる」となります。

丁寧語
言葉の最後に「です」や「ございます」をつけて丁寧にする言い方です。言葉の終わりを「〜だ」「〜である」とするのではなく、「〜です」「〜ございます」とします。

いずれも、相手のことを大切に思う気持ちを言葉で表しているのですが、もし、相手を上げる場面で自分を上げてしまったり、自分を下げる場面で相手を下げてしまったりしたら、大変失礼なことになってしまいます。

　普通の言葉を尊敬語、謙譲語、丁寧語にそれぞれ言い換えた表現を一覧にした「敬語の変換表」を P.16 で紹介します。ぜひ、参考にしてみてください。

　丁寧語は語尾を丁寧にすればすむので、ある意味簡単といえば簡単なのですが、問題は「尊敬語」と「謙譲語」です。

　P.14 の図を見ると、そのイメージがつかみやすくなると思います。

　尊敬語は、敬う相手の行為を上げる表現です。
　尊敬語にする主な方法としては、

1.「れる」「られる」をつける（「行かれる」「来られる」）
2.「お（ご）～なる」とする（「お書きになる」「ご利用になる」）
3. 尊敬語として決まった言葉「おっしゃる」「召し上がる」などを使う

　といったものとなります。

序

敬語の基本

13

謙譲語は、敬う相手に対して、自分を低く下げることで、相手を敬う気持ちを表現します。

謙譲語にする主な方法としては、

1. 「お（ご）〜する（いたす）」をつける（「お会いする」「ご連絡する」）
2. 「〜ていただく」とする（「買わせていただく」「聞かせていただく」）
3. 謙譲語として決まった言葉を使う（「拝見する」「うかがう」）

といったものとなります。

（近年は、謙譲語をさらに細分化し、「うかがう・申し上げる」型の謙譲語Ⅰと、「まいる・申す」型の謙譲語Ⅱ〔丁重語〕に分類したり、丁寧語をさらに細分化し、「です・ます」型の丁寧語と「お酒・お料理」型の美化語に分類するようになりました［敬語の５分類］）

また、「はじめに」でも少し触れましたが、「よろしかったですか？」という言い回しの「バイト敬語」や、必要がないところで「〜ていただきます」や「れる」という言葉をつけてしまう「二重敬語」（「うかがわせていただきます」「おっしゃられる」など）といったものは「正しい敬語」とは言えません。

次章から、様々なケースにおける「正しい敬語」の使い方をご紹介いたします。ぜひ、皆さんの日々の仕事や生活で役立てていただければ幸いです。

敬語の変換表

	尊敬語	謙譲語	丁寧語
する	なさる される	いたす	します
行く	いらっしゃる おいでになる	参る うかがう	行きます
来る	いらっしゃる お見えになる お越しになる	参る	来ます
言う	おっしゃる 言われる	申し上げる 申す	言います
聞く	お聞きになる	拝聴する うかがう	聞きます
知る	ご存じ	存じ上げる 存ずる	知ります
いる	いらっしゃる おいでになる	おる	います
見る	ご覧になる 見られる	拝見する	見ます
会う	お会いになる 会われる	お目にかかる お会いする	会います
食べる	召し上がる	いただく	食べます
尋ねる	お尋ねになる	うかがう	尋ねます
与える	お与えになる くださる	差し上げる	あげます 与えます

第 1 章

社内の人
への敬語

この章では、上司や同僚といった社内の人に
対して使うフレーズを紹介しています。挨拶
や上司に報告・連絡・相談するときの言葉遣
いについて学びましょう。

> シーン
>
> # 挨拶
>
> 挨拶は、人間関係の基本中の基本。目上の人はもちろん、同僚などに対しても、しっかりとした挨拶を心掛けましょう。

朝、挨拶するとき

✗ おはよう

○ **おはようございます**

実例 おはようございます。昨日はご馳走様でした。

POINT 朝の挨拶はさわやかに。前日お世話になった上司などにはきちんとお礼を言うようにしましょう。

目上の人に対して

✗ ご苦労様です

○ **お疲れ様です**

実例 高橋課長、お疲れ様です。

POINT 目上の人に対しては「お疲れ様です」、目下の人をねぎらうときは「ご苦労様です」を使います。

ドアなどを先に通るとき

✗ すみません

○ **失礼します**

実例 お先に失礼します。

POINT 先を譲られたら、変に遠慮せず、きちんとお礼を述べた上で行きましょう。

外出するとき

✗ 出かけます

○ **行って参ります**

実例 新商品の件で、A社へ行って参ります。

POINT 外出時は、できるだけ、上司に簡単に何の件でどこに行くのかも報告しましょう。

上司と一緒に外出するとき

✗ そろそろ行きましょうか

○ **そろそろお出かけになりますか**

実例 時間ですので、そろそろお出かけになりますか？

POINT 上から目線にならないよう、気をつけましょう。

1 社内の人への敬語

離席するとき

✗ 食事に行ってきます

○ **食事に行って参ります**

実例 食事に行って参ります。14時までには戻ります。

POINT 長時間、席を離れるさいは、行き先とおおよその戻り時間を告げましょう。

他の人が外出するとき

✗ お疲れ様です

○ **行ってらっしゃい**

実例 （上司などに対しては）行ってらっしゃいませ。

POINT 明るい声で送り出しましょう。

帰社したとき

✗ ただいま

○ **戻りました**

実例 ただいま戻りました。

POINT 「ただいま」という言葉は仕事の場では基本的に使いません。

他の人が帰社したとき

✕ お疲れ

〇 **お帰りなさい**

実例 （上司などに対しては）**お帰りなさいませ。**

POINT ここでも「ご苦労様です」は使いません。

退社するとき

✕ 帰ります

〇 **お先に失礼します**

実例 **それでは、お先に失礼します。**

POINT 「先に帰ってしまい、残っている人に申し訳ない」という気持ちを込めましょう。

他の人が退社するとき

✕ さようなら

〇 **お疲れ様でした**

実例 （上司などに対しては）**お疲れ様でございました。**

POINT ここでも「ご苦労様です」は使ってはいけません。

1

社内の人への敬語

シーン

基本的な受け答え

相槌や返事など、日常のやりとりでは、つい気を抜いてしまいがちです。雑な言葉遣いにならないよう気をつけましょう。

上司や先輩の話に相槌を打つとき

✕ なるほど

○ **勉強になりました**

実例 **ありがとうございます。勉強になりました。**

POINT 「なるほど」は目上の人が下の人に感心したときの相槌ですので、ここではふさわしくありません。

感心するとき

✕ マジですか

○ **そうですか**

実例 **そうですか！　さすがでいらっしゃいますね。**

POINT 「マジですか！」は、あまりにも品のない言葉です。仕事の場では、決して使わないようにしましょう。

協力の申し出を断るとき

✗ 大丈夫です

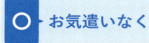
○ お気遣いなく

実例 ありがとうございます。なんとか目処(めど)がたちましたので、お気遣いなく。

POINT 「大丈夫」は意味があいまいな表現です。使用しないようにしましょう。

何かをすすめられて断るとき

✗ いいです

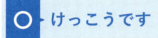
○ けっこうです

実例 いいえ、けっこうです。

POINT 「いいです」というのは、OKなのか、NGなのか、よくわかりません。きちんと断りましょう。

調子はどうかと聞かれたとき

✗ なんとかやってます

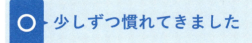
○ 少しずつ慣れてきました

実例 お陰様で、少しずつ慣れてまいりました。

POINT 「なんとかやってます」という返事では、言われたほうは少々不安な気持ちになってしまいます。

励まされたとき

✕ がんばってみます

⭕ **がんばります**

実例 ありがとうございます。がんばります。

POINT 「○○してみます」だと、頼りない印象を与えてしまいます。

人の後ろを通るとき

✕ ちょっと失礼

⭕ **後ろを失礼します**

実例 後ろを失礼いたします。

POINT 特に狭いところでは、気をつけるようにしましょう。

指示を受けるとき

✕ 了解です

⭕ **承知しました**

実例 はい。承知いたしました。

POINT 「了解」は「許可を与える」というニュアンスを含むため、目上の人には使わないようにしましょう。

十分注意するように言われたとき

✗ はい

○ 気をつけます

実例 はい、気をつけます。

POINT ここでは、しっかり「気をつけます」と言いましょう。

呼ばれたとき

✗ 何でしょう

○ ただいま、参ります

実例 はい。ただいま、参ります。

POINT 目上の人から呼ばれたときは、返事をして、すぐにそばに行くようにしましょう。

呼ばれたが忙しくて手が離せないとき

✗ ちょっと待ってください

○ 少々お待ちください

実例 はい。少々お待ちください。

POINT 慌てているときは、つい「ちょっと」という言葉を使ってしまいがちです。気をつけましょう。

呼ばれたあと、すぐに行けなかったとき

✗ 何でしたでしょうか

○ **お待たせいたしました**

実例 申し訳ありませんでした。お待たせいたしました。

POINT このとき、待たせてしまったことをしっかり詫びましょう。

何か質問があるか聞かれたとき

✗ 大丈夫です

○ **ございません**

実例 ございません。不明な点が出てきたら、質問させていただきます。

POINT 「大丈夫」という言葉は、敬語ではありません。仕事では使わないようにしましょう。

説明がよくわからなかったとき

✗ よくわかりません

○ **理解が追いつきません**

実例 私の理解が追いつきません。申し訳ありませんが、もう一度ご説明いただけませんでしょうか？

POINT 「わからない」という言葉は少し強い印象を与えます。優しい言い方になるよう気をつけましょう。

わかっているか念を押されたとき

✗ わかってます

○ **承知しております**

実例　はい。承知しております。

POINT　「わかってます」という言葉は、相手からするとふてぶてしく見えてしまいます。

忙しくてすぐに対応ができないとき

✗ 無理です

○ **すぐに取りかかることが難しそうです**

実例　部長から頼まれている急ぎの仕事があり、すぐに取りかかることが難しそうです。

POINT　すぐに対応できない理由をしっかり述べましょう。

スキルがなく自分にはできそうにないとき

✗ 自分には無理です

○ **私(わたくし)には難しそうです**

実例　大変申し訳ございません。私には難しそうです。

POINT　ここでも「無理」という言葉を使うのは避けましょう。

残業を命じられたが都合が悪いとき

✕ できません

〇 **外せない用事があります**

実例 申し訳ありません。どうしても外せない用事がありまして、難しいです。

POINT しっかり理由を述べてから、断りましょう。

上司から提案してもらったとき

✕ なるほど

〇 **おっしゃるとおり**

実例 それは、おっしゃるとおりだと思います。

POINT 「なるほど」という言葉は、敬意はあまり含みません。

上司が都合を確認してきたとき

✕ いいですよ

〇 **差し支えありません**

実例 私のほうは、差し支えありません。

POINT 「いいですよ」と言うと、軽い印象になってしまいます。

目上の人から誘われたとき

✗ ご一緒します

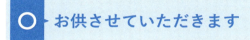
○ お供させていただきます

実例 ありがとうございます。お供させていただきます。

POINT 「一緒」よりも、もっと丁寧な表現の「お供」を使いましょう。

上司にアドバイスをもらったとき

✗ 参考になりました

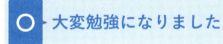
○ 大変勉強になりました

実例 ありがとうございます。大変勉強になりました。

POINT 参考では、「参考程度」といったニュアンスが含まれます。避けたほうがいいでしょう。

説明が十分だったか確認をするとき

✗ おわかりいただけましたか

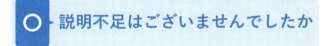
○ 説明不足はございませんでしたか

実例 説明不足な点はございませんでしたでしょうか。

POINT 「わかりましたか」は上から目線です。あくまでこちらの説明が足りていたかどうかを確認します。

上司にスキルの確認をするとき

✕ ○○はできますか

○ **○○はお使いになりますか**

実例 部長は、Excel はお使いになりますか。

POINT できるかどうかというのは、相手にそれだけの能力があるかを聞くことになるので、避けましょう。

話し中の相手に急ぎの用件を伝えるとき

✕ ちょっとすみません

○ **お話し中すみません**

実例 お話し中すみません。松田様から電話が入っております。

POINT 話し中に割って入るときは、きちんと中断させたことを詫びる言葉を言いましょう。

不在中に何かあったか聞かれたとき

✕ 問題ありません

○ **特にございませんでした**

実例 はい。特にございませんでした。

POINT 「ありません」ということを伝えるときは「ございません」と言いましょう。

上司に社長からの伝言を伝えるとき

✗ 来てほしいと言ってました

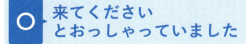
○ 来てください とおっしゃっていました

実例 先ほど社長がいらして、会議室に来てくださいとおっしゃっていました。

POINT ここのポイントは、社長を敬うことです。

上司に来客を伝えるとき

✗ 来ました

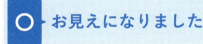
○ お見えになりました

実例 加藤課長、B社の松田様がお見えになりました。

POINT 来客に対しても、しっかり尊敬語を使うようにしましょう。

何かの意見に同意するとき

✗ アリだと思います

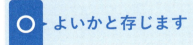
○ よいかと存じます

実例 それは私もよいかと存じます。

POINT 「アリ」という言葉は、あまりにも砕けた言い方です。使わないようにしましょう。

シーン

報告・連絡するとき

上司への報告や連絡では、誤解がないようにしたいものです。ある意味、一番言葉遣いが問われる場面でもあるので注意しましょう。

報告を切り出すとき

✕ 実は……

◯ 今、お時間よろしいでしょうか

実例 企画書の件でご報告をさせていただきたいのですが、今、お時間よろしいでしょうか。

POINT いきなり話を切り出してはいけません。しっかり、相手の都合を確認するようにしましょう。

経過の報告をするとき①

✕ 検討すると言ってます

◯ ご検討いただけるとのことです

実例 打ち合わせの件は、至急ご検討いただけるとのことです。

POINT 相手の発言についても、しっかり尊敬語が使えるようにしましょう。

経過の報告をするとき②

× あとは先方次第です

○ **こういったご意見をもらいました**

実例 見積もりの件、お願いをしたところ、こういったご意見をもらいました。

POINT しっかりとしたフィードバックを心掛けましょう。

経過報告を促されたとき

× お話ししようと思っていました

○ **遅れて、申し訳ございません**

実例 ご報告が遅れて、申し訳ございません。

POINT 決して言い訳から入らないようにしましょう。

仕事が順調であることを報告するとき

× 大丈夫そうです

○ **順調に進んでおります**

実例 予定どおり、順調に進んでおります。

POINT 「○○そうです」という表現は、聞いたほうが少し不安を覚えてしまいます。

うまくいった結果を報告するとき

✕ 努力のかいあって、うまくいきました

〇 **お陰様でうまくいきました**

実例 先日の商談ですが、お陰様でうまくいきました。

POINT 自分ひとりの手柄のような言い方は慎みましょう。

うまくいかなかった結果を報告するとき

✕ ダメでした

〇 **今回は見送ることになったそうです**

実例 新商品購入の件、予算が合わないとのことで、今回は見送ることになったそうです。

POINT 理由もあわせてしっかり伝えましょう。

取引先から日程の変更があったとき

✕ どうも都合が悪くなったみたいです

〇 **変更いただけないかとのことです**

実例 3日の打ち合わせですが、先方に急用が入ったそうで、10日に変更いただけないかとのことです。

POINT ここでも、しっかりと理由を伝えましょう。

課長の不在を部長に伝えるとき

 席を外していらっしゃいます

席を外しております

実例　鈴木課長は、ただいま席を外しております。

POINT　自分より役職の上の人のことも、さらに役職が上の人に対しては謙譲語を使います。

来客が遅れることを伝えるとき

 遅れると言ってました

遅れるとおっしゃっていました

実例　工藤様が、渋滞のため10分ほど遅れるとおっしゃっていました。

POINT　しっかり尊敬語を使いつつ、どのくらい遅れるのかということと、その理由も伝えましょう。

直行するとき

 直行します

○○に立ち寄り、○時に出社いたします

実例　明日は、取材の件でC社に立ち寄り、10時に出社いたします。

POINT　立ち寄る場所と用件、そして出社時間を伝えましょう。

寝坊して遅刻するとき

✕ 寝坊しちゃいました

○ 寝坊をしました

実例 申し訳ありません。寝坊をしてしまいました。10分ほど遅れます。

POINT まずはお詫びの言葉を述べて、自分に都合の悪いことであっても、しっかりと理由を言いましょう。

遅れて出社するとき

✕ ちょっと遅れます

○ ○時までに出社します

実例 昨日より腹痛がしますので、病院に寄って、10時までに出社します。

POINT 出社が遅れる理由と、何時に出社するのかを伝えます。

遅れて出社したあと上司へ報告するとき

✕ 今、出社しました

○ ただいま、出社いたしました

実例 遅くなって申し訳ありません。ただいま、出社いたしました。

POINT すみやかに上司のもとに出向いて、まずはお詫びの言葉を述べ、出社の報告をしましょう。

早退を申し出るとき

 早退します

○ **早退させていただけますでしょうか**

実例 体調が悪いので、本日は早退させていただけますでしょうか。

POINT 「早退する」ではなく「早退してもいいか」とおうかがいを立てる言い方をしましょう。

帰社が遅れるとき

 遅くなりそうです

○ **○時頃になります**

実例 会社に戻るのが、16 時頃になります。

POINT 具体的な帰社時間を報告しましょう。

直帰するとき

 直帰します

○ **直帰させていただいてもよろしいでしょうか**

実例 先ほど、打ち合わせが終わりました。本日はこのまま直帰させていただいてもよろしいでしょうか。

POINT 当たり前のように、直帰の報告をしてはいけません。しっかりおうかがいを立てるようにしましょう。

有給を取るとき

✗ 有給を取ろうと思います

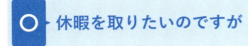

休暇を取りたいのですが

実例 来月の3日、休暇を取りたいのですが、よろしいでしょうか。

POINT まわりに迷惑が掛からないような配慮を持った言い方を心掛けましょう。

体調をくずして休むとき

✗ 本日はお休みさせていただきます

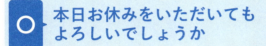

本日お休みをいただいてもよろしいでしょうか

実例 熱があって体調が悪いため、申し訳ないのですが、本日お休みをいただいてもよろしいでしょうか。

POINT どのように体調が悪いのかを伝え、休んで当然という言い方にならないように、気をつけましょう。

上司から伝言があったことを同僚に伝えるとき

✗ 部長が呼んでいました

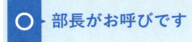

部長がお呼びです

実例 田中さん、部長がお呼びです。

POINT 同僚と話すときでも、上司を立てた言い方にしましょう。

シーン

相談するとき

上司へ相談するときは、相手の時間を割いてもらうことになります。なるべく簡潔に、かつ丁寧な話し方になるよう努めましょう。

込み入った相談をするとき

✕ やっかいな問題なのですが

○ **折り入ってご相談したいことがあるのですが**

実例　折り入ってご相談したいことがあるのですが、**お時間をいただけないでしょうか。**

POINT　「折り入って」という言葉は、きちんと時間を取ってもらいたいときの定番フレーズです。

急ぎの相談があるとき

✕ すぐにご相談したい

○ **急ぎでご相談させていただきたい**

実例　**急ぎでご相談させていただきたいことがあるのですが、ご都合いかがでしょうか。**

POINT　緊急のときでも、しっかり相手の都合を確認しましょう。

1

社内の人への敬語

39

わからないことを聞くとき

✗ どうしたらいいでしょうか

○ **いかがいたしましょうか**

実例 D社へのアポイントの件ですが、こちらは、いかがいたしましょうか。

POINT 指示をあおぐときは、「いかがいたしましょうか」を使います。

仕事のやり方を聞くとき

✗ 教えてください

○ **教えていただけますか**

実例 お手数ですが、ここの部分のやり方を教えていただけますか。

POINT 「お手数ですが」や「申し訳ないのですが」というクッション言葉をつけましょう。

相談をして疑問が解消したとき

✗ そうか！

○ **よくわかりました**

実例 ありがとうございます。よくわかりました。

POINT 「よくわかりました」と伝え、しっかりお礼を述べましょう。

お願いしていた件の進み具合を聞くとき

✗ どうなっていますか

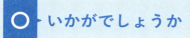
○ いかがでしょうか

実例 D社の件ですが、その後、いかがでしょうか？

POINT 相手をなるべくとがめないような、控え目な聞き方を心掛けましょう。

相談をしようとしたら「あとで」と言われたとき

✗ いつなら大丈夫ですか

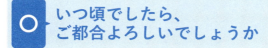
○ いつ頃でしたら、ご都合よろしいでしょうか

実例 お忙しいところ申し訳ありませんでした。いつ頃でしたら、ご都合よろしいでしょうか。

POINT このとき、最初に「申し訳ありません」と言うと、より丁寧になります。

書類などを確認してほしいとき

✗ 見てもらえますか

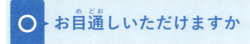
○ お目通しいただけますか

実例 この書類ですが、お手隙のときにお目通しいただけますか？

POINT 目上の人に何かを見て確認してほしいときは「お目通し」という言葉を使いましょう。

1 社内の人への敬語

期日を延ばしたいと相談するとき

✕ 待ってもらえますか

○ ご猶予いただけませんか

実例 明日までに提出予定の企画書ですが、明後日までご猶予いただけませんでしょうか。

POINT 言い訳をせず、いつまでならできるかを伝えましょう。

トラブルが発生したことを伝えるとき

✕ トラブってしまいました

○ 問題が生じました

実例 E社の件で、問題が生じてしまいました。

POINT 「トラブる」はかなり砕けた表現ですので、避けましょう。

お客様のところに一緒に行ってほしいとき

✕ 行ってくれませんか

○ 行っていただけませんでしょうか

実例 E社との打ち合わせですが、一緒に行っていただけませんでしょうか？

POINT 「同行いただく」でも悪くはないですが、厳密には「主たる人につき従う」という意味になります。

頼みごとを引き受けてくれたとき

✗ すみません

○ **お手数をお掛けいたします**

実例 ありがとうございます。それではお手数をお掛けいたしますが、よろしくお願いします。
POINT きちんとしたお礼を言いましょう。

上司が何かに困っているとき

✗ お教えしましょうか

○ **お手伝いしましょうか**

実例 何かお困りですか？　私でよろしければお手伝いしましょうか？
POINT 「教える」というのは、上から目線になります。注意しましょう。

上司の説明がよくわからなかったとき

✗ もう一度お願いします

○ **もう一度、ご説明願えませんでしょうか**

実例 申し訳ございません。もう一度、ご説明願えませんでしょうか。
POINT わからなかったらあいまいにせず、丁寧に確認しましょう。

1 社内の人への敬語

判断をあおぎたいとき

✗ どうしますか

○ **いかがいたしましょうか**

実例 部長、F社の案件は、いかがいたしましょうか？

POINT 「いたす」は謙譲語です。尊敬語の「なさる」を使った「いかがなさいますか？」でも正解です。

頼まれごとに、すぐには対応できないとき

✗ 手が離せません

○ **一段落したら取りかかります**

実例 申し訳ありません。こちらの作業が一段落したらすぐに取りかかります。

POINT つっけんどんに断らないようにしましょう。

頼まれごとを断るとき

✗ 無理です

○ **お役に立てそうにありません**

実例 申し訳ありません。お役に立てそうにありません。

POINT ここでもしっかりと、「申し訳ありません」というクッション言葉を使いましょう。

反対意見を述べるとき

× お言葉ですが

○ ○○という考え方もできるのではないでしょうか

実例 先ほどの加藤課長の意見はごもっともですが、○○という考え方もできるのではないでしょうか。

POINT 相手を否定するような言い方にならないようにしましょう。

仕事以外のことで相談するとき

× プライベートなことで

○ 個人的なことで

実例 恐れ入ります。個人的なことでご相談したいことがございます。

POINT このケースでは「個人的なこと」というのが定番フレーズです。

1 社内の人への敬語

シーン

質問するとき

誰かに何かを問いかけるときは、そのつもりがなくても言葉が乱れがちです。失礼がないように気をつけましょう。

上司の話に疑問があったとき

✕ 何でですか

〇 **理由を教えていただけませんか**

実例 差し支えなければ、理由を教えていただけませんか。

POINT このとき、詰問口調にならないように気をつけましょう。

持ち物について質問するとき

✕ それ何ですか

〇 **それは何でしょうか**

実例 その、部長が飲まれているものは、何でしょうか？

POINT 短い言葉だからこそ、砕けた言い方にならないように注意しましょう。

疑問があるとき

 ちょっとわからないのですが

 疑問点があるのですが

実例 すみません。疑問点があるのですが、お聞きしてもよろしいでしょうか？

POINT 会話の最中だったときは、話の腰を折らないようにしましょう。

予定を聞くとき

✗ 明日はおられますか

○ 明日はいらっしゃいますか

実例 課長、明日の午後は会社にいらっしゃいますか？

POINT 「おられる」は敬語表現としては不完全です。

ハンコをもらうとき

✗ ハンコをもらってもいいですか

 ハンコをお願いできますでしょうか

実例 こちらにハンコをお願いできますでしょうか？

POINT 「いいですか」というお願いの仕方は、雑な印象を与えてしまいますので、避けましょう。

人について確認したいとき

✗ 誰ですか

○ **どなたですか**

実例 どなたにお伝えしたらよろしいでしょうか？

POINT 「誰」という言葉は、ビジネスシーンではあまり使いません。

期限・期日が知りたいとき

✗ いつまでですか

○ **いつまででしょうか**

実例 締切は、いつまででしょうか？

POINT 少し柔らかくしたいときは、「（期限は）どのあたりがよろしいでしょうか？」もいいでしょう。

場所についてたずねるとき

✗ どこですか

○ **どちらですか**

実例 課長は、本日の午後、どちらにいらっしゃいますか？

POINT 「どこ？」だと少々乱暴な印象を与えてしまいます。

やり方を聞くとき

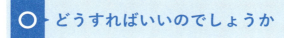

✗ どうやるんですか

○ **どうすればいいのでしょうか**

実例 このレポートは、どうまとめればよろしいでしょうか？

POINT 「どうやる」という言葉は、丁寧に言ったとしても、非常に強く、ぞんざいな印象を与えます。

これでいいか確認するとき

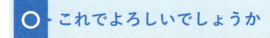

✗ こんな感じでいいですか

○ **これでよろしいでしょうか**

実例 プレゼン資料をまとめたのですが、これでよろしいでしょうか？

POINT 日常会話では「○○な感じ」という言葉を頻発しがちですが、仕事の場ではふさわしくありません。

値段を聞くとき

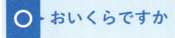

✗ いくらですか

○ **おいくらですか**

実例 課長がお持ちになっている本は、おいくらですか？

POINT 基本的には、個人的な持ち物の値段については、不用意にたずねないようにしましょう。

シーン

詫びるとき

謝罪では、緊張して言葉が詰まることもあるでしょう。申し訳ない思いをしっかり伝えるため、最も丁寧な言葉遣いが必要です。

ミスを詫びるとき

✕ すみません

〇 **申し訳ありません**

実例 申し訳ありません。二度とこのようなことがないように、注意いたします。

POINT 「すみません」は軽い表現です。ここはしっかり「申し訳ありません」と言いましょう。

やり直しを指示されたとき

✕ 直します

〇 **直してまいります**

実例 申し訳ありません。すぐに直してまいります。

POINT ただ「直します」だと、ぞんざいな印象を与えてしまいます。

指示を受けていた仕事を忘れてしまったとき

✗ 忘れていました

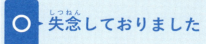
○ 失念しておりました
（しつねん）

実例 大変申し訳ありません。失念しておりました。

POINT このときは、「忘れる」の改まった表現である「失念する」を使いましょう。

仕事でミスをしてしまったとき

✗ うっかりしていました

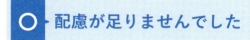
○ 配慮が足りませんでした

実例 申し訳ありません。配慮が足りませんでした。

POINT 「うっかり」は、いかにもだらしない印象です。

基本的な知識に欠けていたとき

✗ わかりませんでした

○ 勉強不足でした

実例 申し訳ありません。勉強不足でした。

POINT 「勉強不足」は、謝るときの定番フレーズです。

シーン

社内会議のとき

社内の会議では、様々な立場の人が参加することがあります。参加者の上下関係などにも配慮した言葉を使いましょう。

自分の意見を述べるとき

✕ 私的には

○ 私としては

実例 **私としては、A案のほうがいいと考えます。**

POINT 「○○的」という、いわゆるぼかし言葉は、仕事の場においては、使わないほうがいいでしょう。

質問するとき

✕ ちょっといいですか

○ よろしいでしょうか

実例 **質問してもよろしいでしょうか?**

POINT 「ちょっと」は軽々しく、「いいですか」はぞんざいな印象を与えてしまいます。

反対意見を述べるとき

✕ 反対です

○ ○○と考えます

実例 私は別の見方ができると考えますが、いかがでしょうか？

POINT 否定的な意見を述べるときは、角が立たないように、謙虚な言い方を心掛けましょう。

不明な箇所を聞くとき

✕ もう少しわかりやすく

○ もう少し詳しく

実例 そのご提案について、もう少し詳しくご説明いただけませんでしょうか。

POINT 「わかりやすく」と言ってしまうと、相手の説明の仕方が悪いような意味を含んでしまいます。

最後の締めのとき

✕ 質問とかありますか

○ ご質問などございますか

実例 ご質問などございましたら、お願いいたします。

POINT 「とか」は若者言葉です。使うのは控えましょう。

シーン

上司との食事のとき

食事のときでも、相手が上司ならば仕事中です。どんなに上司が「無礼講」だと言っても必ず敬いましょう。

食事に誘われたとき

✕ はい

○ **お供いたします**

実例　ありがとうございます。お供いたします。

POINT　「はい」だけではそっけない印象を与えるため、「お供いたします」と相手を立てましょう。

何が食べたいか聞かれたとき

✕ ○○がいいです

○ **○○をいただきます**

実例　それでは、日替定食をいただきます。

POINT　ここでも丁寧に「いただきます」としっかり言いましょう。

「ご馳走する」と言われたとき

❌ いいんですか？

⭕ **お言葉に甘えさせていただきます**

実例 それでは、お言葉に甘えさせていただきます。ご馳走様です。

POINT しっかり、丁寧にお礼の言葉を述べましょう。

誘いを断るとき

❌ 都合が……

⭕ **あいにく、予定がありまして**

実例 申し訳ございません。あいにく、外せない予定がありまして。

POINT 残念ながら断るのだという意味も込めて、「あいにく」などのクッション言葉を入れましょう。

お店はどこがいいか聞くとき

❌ ○○はどうでしょうか

⭕ **○○はいかがでしょうか**

実例 お店を予約しようと思うのですが、中華はいかがでしょうか。

POINT つい「どうでしょうか」と言ってしまいがちですが、しっかり「いかがでしょう」と言いましょう。

料理をすすめられたとき

❌ はい

⭕ いただきます

実例 恐れ入ります。それでは、いただきます。

POINT 冒頭に「恐れ入ります」というクッション言葉を入れると、より丁寧になります。

何を食べたいか聞くとき

❌ 何を食べられますか

⭕ 何を召し上がりますか

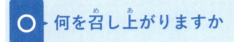

実例 久保部長は、何を召し上がりますか？

POINT ここでは「食べる」の尊敬語の「召し上がる」を使いましょう。

すすめられた料理を断るとき

✗ もういいです

○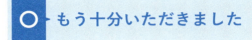
もう十分いただきました

実例　ありがとうございます。もう十分いただきました。

POINT　「いらない」という意思を「十分である」という言葉で伝えましょう。

飲み物は何がいいか聞くとき

✗ 何を飲みますか

○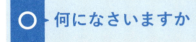
何になさいますか

実例　お飲み物は、何になさいますか？

POINT　なれなれしい言葉遣いにならないように、注意しましょう。

お酒をすすめるとき

✗ どうぞ

○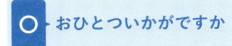
おひとついかがですか

実例　上島課長、おひとついかがですか？

POINT　これは、お酒をすすめるときの定番フレーズです。

グラスが空いているのを見たとき

✕ もっと飲みますか

〇 **お代わりなさいますか**

実例 ビールをお代わりなさいますか？

POINT 状況を見て、違う飲み物がよさそうなら「別のものをお飲みになりますか？」と言いましょう。

すすめられたお酒を断るとき

✕ 飲めませんので

〇 **不調法でして**

実例 申し訳ございません。私、不調法でして。

POINT 体質的に飲めない場合などは、決して無理せず、丁寧に断るようにしましょう。

おいしかったと伝えるとき

✕ おいしかったです

〇 **おいしくいただきました**

実例 ご馳走様でした。大変おいしくいただきました。

POINT この表現は、菓子折りなどをいただき、後日、お礼を伝えるときにも使います。

シーン

日常の声かけ

職場の日常会話は、人間関係を円滑にする上で重要です。様々なシチュエーションで丁寧な言葉遣いができるようになりましょう。

同じタイミングで出かけるとき

✕ どちらへお出かけになられるのですか

○ どちらへお出かけになるのですか

実例 山本課長は、どちらへお出かけになるのですか？

POINT 「お出かけになられる」は、「お出かけになる」に「れる」がついた二重敬語です。

食事が済んだかどうか聞くとき

✕ 食事はいただかれましたか

○ 食事は召し上がりましたか

実例 山本課長、食事は召し上がりましたか？

POINT 「いただく」は謙譲語なので、ここでは誤用となります。

1

社内の人への敬語

59

飲み物がほしいかどうか聞くとき

✕ 飲みますか

〇 **お飲みになりますか**

実例 青木部長も、コーヒーをお飲みになりますか？

POINT 「飲みますか」では、軽々しい表現になります。相手を敬った言い方にしましょう。

知っているかどうか聞くとき

✕ 存じ上げていますか

〇 **ご存じですか**

実例 里中次長は、G社の大田社長のことをご存じですか？

POINT 役職が自分より上の人に対しても、つい「謙譲語」を使ってしまいがちです。注意しましょう。

英語ができるかどうか聞くとき

✕ 英語はできますか

〇 **英語をお話しになりますか**

実例 山本課長は、英語をお話しになりますか？

POINT 「できるかどうか」は、相手の能力を測っているところがあるので、避けましょう。

休日の予定を聞くとき

✗ 何をするのですか

○ ご予定はお決まりですか

実例 ゴールデンウィークのご予定はお決まりですか？

POINT 「何をするのか」というのは、いかにもぞんざいな印象を与えてしまいます。

目上の人の家族に会ったことを伝えるとき

✗ 会いました

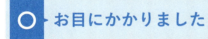
○ お目にかかりました

実例 先日、奥様にお目にかかりました。

POINT ここではしっかり「会う」の謙譲語である「お目にかかる」を使いましょう。

お土産などの贈り物をするとき

✗ 食べてください

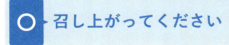
○ 召し上がってください

実例 こちら、沖縄のお土産です。ぜひ、召し上がってください。

POINT ここでは「食べる」の尊敬語「召し上がる」を使いましょう。

コラム

美化語

　皆さんは、「美化語」をご存じでしょうか。美化語とは、話し手が聞き手に対して上品かつ丁寧である印象を持たせる言葉のことです。例えば、「飯」や「水」などは「ご飯」「お水」といった言い方になります。

　この美化語は、謙譲語から派生してできました。また、女房言葉（室町初期から御所などに仕える女房たちが使いはじめた言葉）が由来のものが多いため、女性が好む表現だと言われています。

　基本的には、名詞に「お」「ご」をつけたものや、「便所」を「お手洗い」というように言葉自体を言い換えたものが美化語です。尊敬語や謙譲語でも「お」「ご」が使われますが、そちらはあくまでも相手を高める意味で用います。

　普段何気なく使っている言葉もこのように紐解くと、日本語の表現の面白さに気づくでしょう。

第 2 章

社外の人
への敬語

この章では、お客様や取引先などの社外の人に対して使うフレーズを紹介しています。アポイントを取る、商談、プレゼンなど、ビジネスパーソンにとって結果を求められる場面での正しい言葉遣いを身につけましょう。

> ### シーン
>
> # 挨拶
>
> 気持ちがよい挨拶は、ビジネスの基本です。取引先やお客様などへの挨拶は、失礼がないように注意しましょう。

基本の挨拶

✗ お世話様です

○ **お世話になっております**

実例 いつも大変お世話になっております。

POINT 「お世話様」だと、敬意が軽くなります。

お礼を述べるとき

✗ この間はどうも

○ **先日はありがとうございました**

実例 先日は、お忙しい中、誠にありがとうございました。

POINT 「この間」という言葉は、仕事では使いません。

常連のお客様などへの挨拶

  毎度！

いつもありがとうございます

実例 いつもお引き立ていただき、誠にありがとうございます。

POINT 常連だからといってつい、なれなれしくなってしまわないように、気をつけましょう。

久しぶりに会う人への挨拶

  ご無沙汰です！

ご無沙汰しております

実例 すっかりご無沙汰しております。お元気でいらっしゃいますか？

POINT 久しぶりに取引先の人と会ったときなど、つい「ご無沙汰です！」と言ってしまいがちです。

出入りの業者さんなどへの挨拶

  ご苦労様です

お疲れ様です

実例 ありがとうございます。お疲れ様です。

POINT 「ご苦労様」も間違いではないですが、上の立場からの言葉なので使わないほうがよいでしょう。

シーン

基本的なやりとり

基本的なやりとりではその言葉遣い次第で、相手にスマートな印象を与えます。お礼や謝罪の言葉などをしっかり覚えましょう。

了承するとき

✗ わかりました

○ **かしこまりました**

実例　お見積りの金額ですが、50万円に変更ということで、かしこまりました。
POINT　このときは他に「承知しました」でも、OKです。

引き受けるとき

✗ はい

○ **承りました**

実例　明後日の打ち合わせの書類ですが、明日のお届けということで、承りました。
POINT　ここでは「承る」が定番フレーズです。

謝罪をするとき

✗ ごめんなさい

○ **申し訳ございません**

実例 ご迷惑をお掛けしてしまい、誠に申し訳ございませんでした。

POINT 「申し訳ございません」は、あらゆるケースで使える、鉄板フレーズです。

お礼を言うとき

✗ すみません

○ **ありがとうございます**

実例 お気遣いいただき、誠にありがとうございます。

POINT 厳密に言うと「すみません」はお礼の言葉ではなく、謝罪の言葉です。

お世話になったことに対して

✗ お世話を掛けました

○ **お世話になりました**

実例 お世話になりました。ありがとうございました。

POINT ここは「お世話になりました」とシンプルに表現しましょう。

シーン

依頼するとき

人に物を頼むときは、相手に迷惑が掛からないように気をつけなければなりません。失礼のない言い方を身につけましょう。

比較的簡単なことを頼むとき

✗ ここに署名してください

◯ **こちらにご署名をお願いします**

実例 恐れ入ります。こちらにご署名をお願いします。

POINT 「○○してください」より「○○をお願いします」のほうが、柔らかい印象になります。

協力を頼むとき

✗ ご協力をお願いします

◯ **お力添えをお願いいたします**

実例 弊社のプロジェクトについて、ぜひ、お力添えをお願いいたします。

POINT 「ご協力」よりも「お力添え」としたほうが、より丁寧な言い方になります。

指導を頼むとき

✗ 教えてください

○ **ご指導のほど、よろしくお願いします**

実例 ご指導のほど、何卒よろしくお願い申し上げます。

POINT 「教えて」ではなく「ご指導をいただく」という形にしましょう。

承諾してほしいとき

✗ 了解してもらえませんか

○ **ご了承をお願いいたします**

実例 何卒ご了承をお願いいたします。

POINT ここでは、「了解」ではなく「了承」としましょう。

こちらの提案を検討してもらうとき

✗ 考えておいてください

○ **ご検討のほど、よろしくお願いいたします**

実例 ご検討のほど、何卒よろしくお願いいたします。

POINT ここでは「考える」という言葉ではなく、「検討」という言葉を使いましょう。

確認をお願いするとき

✗ 確認してください

○ **ご確認くださいますよう お願いいたします**

実例 こちらをご確認くださいますよう何卒よろしくお願いいたします。

POINT 「確認」という行為に、しっかり「ご」をつけた上で、「お願いします」としましょう。

仲介・仲裁をお願いするとき

✗ うまく取りもってください

○ **お取りなしをいただく**

実例 H社との件、お取りなしをいただけたら、有難く存じます。

POINT 「取りなす」は「仲裁する」という意味を持つ言葉です。

期限の延長を頼むとき

✗ もうちょっと

○ **今しばらく**

実例 申し訳ございません。今しばらくお時間をいただけませんでしょうか。

POINT 期限に遅れると相手に迷惑を掛けてしまいます。十分謝意を伝えましょう。

> **シーン**
>
> # 催促するとき
>
> 提出物が送られてこないときなどは、強い口調になってしまいがちです。どんなときも丁寧に、しっかり伝わる言い方をしましょう。

話を切り出すとき

✕ お願いをしていた件ですが

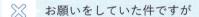

○ **お忙しいところ恐縮ですが**

実例 お忙しいところ恐縮ですが、お約束の件はいかがでしょうか？

POINT いきなり用件を話し出さないようにしましょう。

約束の期日が迫っているとき

✕ 期日が迫っております

○ **お約束の日が近いです**

実例 先日、お願いをさせていただいた件です。お約束の日が近くなりましたが、進捗はいかがでしょうか？

POINT 「期日」を「お約束の日」、「迫っている」を「近い」とすることで、柔らかい表現になります。

約束の期日が過ぎたとき

✕ お約束の日が過ぎましたが

○ ○日までとのお約束でしたが

実例 例の件ですが、10日までとのお約束でしたが、いかがでしょうか？

POINT ここで「過ぎた」ということをそのまま言ってしまうと、少し強い印象を与えてしまいます。

先方に急いでほしいとき

✕ 早くしてもらえますでしょうか

○ ○日までに
お返事いただけますでしょうか

実例 実は、今月中に決定しないといけません。20日までにお返事いただけますでしょうか？

POINT 単に急かすのではなく、具体的に「いつまでに必要なのか」を伝えます。

支払いの催促のとき

✕ 予定どおり払ってください

○ まだお振込みが
確認できておりません

実例 まだお振込みが確認できておりませんが、どのようになっておりますでしょうか？

POINT このとき、あくまで振り込みが「確認できていない」としましょう。

シーン

質問するとき

話を切り出して質問するときは、不躾な印象にならないよう気をつけましょう。相手が答えやすいように簡潔に聞くことが大切です。

質問を切り出すとき

✕ 質問いいですか

○ **おたずねしてもよろしいですか**

実例 **少々おたずねしてもよろしいでしょうか？**

POINT 「聞く・質問する」は「たずねる」と言い換えたほうが丁寧です。

名前を聞くとき

✕ お名前は何ですか

○ **お名前をうかがっても
よろしいでしょうか**

実例 **失礼ですが、お名前をうかがってもよろしいでしょうか？**

POINT あくまで低姿勢に「うかがう」という表現にしましょう。

2

社外の人への敬語

住んでいるところを聞くとき

✕ どこに住んでいるんですか

○ **お住まいはどちらですか**

実例 失礼ですが、お住まいはどちらですか？

POINT 「住んでいる」としてしまうと、いかにも稚拙な印象になってしまいます。

都合を聞くとき

✕ いつ空いてますか

○ **いつ頃でしたら
ご都合よろしいでしょうか**

実例 恐れ入ります。いつ頃でしたらご都合よろしいでしょうか？

POINT 先方の予定は、「ご都合」とするのが定番です。

具体的にいつがいいか聞くとき

✕ この中でいつがいいですか

○ **この日程で、ご都合のよろしい日は**

実例 この日程で、ご都合のよろしい日がございましたらお教えください。

POINT ここでも「ご都合」と表現しましょう。

知っているかどうか聞くとき

✕ 知ってますか

○ ご存じですか

実例 J社の田崎さんのことは、ご存じですか？

POINT ここでは「知る」の尊敬語の「ご存じ」をしっかり使いましょう。

質問があるか確認するとき

✕ 何か聞きたいことはありますか

○ 何かご質問はございますか

実例 何かご質問がございましたら、おっしゃってください。

POINT ここは「聞きたいこと」ではなく、「ご質問」とするのが適切です。

相手の意見を聞くとき

✕ ご意見ありますか

○ どのようにお考えになりますか

実例 弊社のご提案について、どのようにお考えになりますか？

POINT このとき、「お考え」をうかがうという形で表現します。

聞きにくいことを聞くとき

✕ 聞いてもいいですか

〇 **差し支えない範囲で教えてください**

実例 J社のプロジェクトの件ですが、差し支えない範囲で教えていただけたらと思うのですが……。

POINT このとき、必ず「差し支えのない範囲」と言って、お願いをします。

唐突な質問のとき

✕ 急ですが質問いいですか

〇 **つかぬことをうかがいますが**

実例 つかぬことをうかがいますが、御社の従業員数は何名でしょうか？

POINT この「つかぬことをうかがう」は、定番フレーズです。

時間があるか聞くとき

✕ 時間は大丈夫ですか

〇 **お時間いただいてもよろしいですか**

実例 このあと、少々お時間いただいてもよろしいでしょうか？

POINT 相手の「貴重な時間」を割いてもらうことなので、「いただく」という表現にしましょう。

シーン

断るとき

相手の依頼や要求を断るときは毅然(きぜん)とした態度が基本ですが、角が立たないよう、あまり強い口調は避けるようにしましょう。

相手の要求を断るとき

✗ 無理です

◯ **お引き受けいたしかねます**

実例 誠に残念ですが、お引き受けいたしかねます。

POINT 「○○しかねる」という表現は、「できない」ということを柔らかく表現した言葉です。

相手の申し出に対して

✗ わざわざのお話ですが

◯ **せっかくのお話ですが**

実例 せっかくのお話ですが、見送らせていただきます。

POINT 「わざわざ」という言葉は、若干「余計なこと」というニュアンスを含んでしまう恐れがあります。

事情を説明するとき

✕ こちらの事情がありますので

◯ **かえってご迷惑をお掛けするので**

実例 かえってご迷惑をお掛けすることになりますので、見送らせていただければと思います。

POINT 自分の都合だけを言うのではなく、相手にとっても不利益であることを表現しましょう。

遠回しに断るとき

✕ ちょっと難しいです

◯ **少々難しいかと思います**

実例 こちらの条件ですと、少々難しいかと思います。

POINT このときは、「ちょっと」ではなく「少々」としましょう。

営業などを断るとき

✕ あまり必要ないので

◯ **一切お断りしております**

実例 大変申し訳ないのですが、そのようなお話は一切お断りしております。

POINT 「申し訳ない」などの「クッション言葉」を用いて、なるべく柔らかい表現にしましょう。

次につなげるとき

× またよろしくお願いします

○ これに懲りず、またお願いします

実例 これに懲りず、また機会がありましたらよろしくお願いします。
POINT この「これに懲りず」というのは、定番フレーズです。

仕事終わりの食事を断るとき

× 難しいです

○ 次回はぜひお供させてください

実例 申し訳ございません。このあと社に戻って打ち合わせがあります。次回はぜひ、お供させてください。
POINT せっかくの好意を断ることになるので、しっかりお詫びをし、行けない理由も簡潔に述べましょう。

いきなりお金を貸してほしいと言われて断るとき

× 持っていません

○ 持ち合わせがありません

実例 申し訳ありません。あいにく、持ち合わせがありません。
POINT これは滅多にないケースかもしれませんが、断るときは「持ち合わせがない」が定番フレーズです。

シーン

来客への対応

お客様に対応するさいは、自分が会社の代表として相手に接しているという緊張感を持ち、丁寧な言葉遣いを心掛けましょう。

来客への挨拶①

✕ どうも

○ いらっしゃいませ

実例 いらっしゃいませ。いつも大変お世話になっております。

POINT お客様に対しては「いらっしゃいませ」が定番フレーズです。

来客への挨拶②

✕ わざわざ

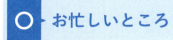
○ お忙しいところ

実例 お忙しいところ、ありがとうございます。

POINT 「わざわざ」という言葉は、少し嫌味に感じられることがあります。

来客がひとりでたたずんでいたとき

✕ どちら様ですか

○ **承っておりますか**

実例 いらっしゃいませ。承っておりますでしょうか？

POINT 来客とおぼしき人には、このフレーズで積極的に声かけをしましょう。

来客の名前を確認するとき

✕ ○○様でございますね

○ **○○様でいらっしゃいますね**

実例 K社の伊藤様でいらっしゃいますね。

POINT 「ございます」は丁寧語なので、相手の名前をたずねるときは使いません。

誰宛に来たのかを聞くとき

✕ 誰にご用でしょうか

○ **どの者にご用でしょうか**

実例 お世話になっております。弊社のどの者にご用でしょうか？

POINT 自社の人間のことは、「どの者」とへりくだった表現をしましょう。

約束の有無を確認するとき

 約束はされていますか

お約束はいただいておりますか

実例 恐れ入りますが、お約束はいただいておりますか？

POINT ここでは「恐れ入りますが」というクッション言葉を使って、柔らかい表現にしましょう。

受付を通すようにお願いするとき

 受付を通してください

受付でおたずねになってください

実例 恐れ入りますが、1階の受付でおたずねになってください。

POINT 「受付を通して」は、事務的でつっけんどんな印象になってしまいます。

面会用紙に記入してもらうとき

 記入してください

ご記入ください

実例 お手数ですが、こちらの用紙にご記入ください。

POINT 「記入」という相手の行為を立てましょう。

約束がない来客で担当者が外出しているとき

✕ ○○は外出中です

○ あいにく○○は外出しております

実例 あいにく本田は外出しておりますが、いかがいたしましょうか？
POINT 特定の担当者を訪ねてきた場合は、先方の希望も聞いて、どのような対応をすべきか判断しましょう。

担当者が来るまで待ってもらうとき

✕ お待ちください

○ こちらでお待ちいただけますでしょうか

実例 すぐに参りますので、こちらでお待ちいただけますでしょうか？
POINT どこで待っていただくかを伝えましょう。そうしないと、お客様は身の置き所がなく不安に思います。

来客を待たせてしまったとき

✕ お待ちどおさまでした

○ 大変お待たせいたしました

実例 大変お待たせいたしました。申し訳ございませんでした。
POINT 「お待ちどおさま」は、あまりに砕けた言葉です。

名刺を預かるとき

❌ 預からせていただきます

⭕ **お預かりいたします**

実例 お名刺、お預かりいたします。

POINT 「○○させていただく」は、少々、丁寧すぎてかえって誠意が感じられないことがあります。

応接室まで案内するとき

❌ ついてきてください

⭕ **こちらへどうぞ**

実例 ご案内いたします。こちらへどうぞ。

POINT 「ついてきて」は、稚拙な印象を与えてしまいます。

段差などがあるとき

✗ 気をつけてください

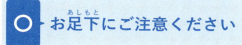
○ お足下(あしもと)にご注意ください

実例 段差になっておりますので、お足下にご注意ください。
POINT このとき、相手の足下なので「お」をつけます。

上着を預かるとき

✗ コートをお掛けしておきましょうか

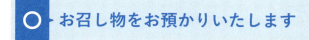
○ お召し物をお預かりいたします

実例 よろしければ、お召し物をお預かりいたします。
POINT コートなどを含む上着を、丁寧に言うと「お召し物」になります。

エレベーターで移動するとき

✗ 乗ってください

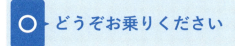
○ どうぞお乗りください

実例 8階の応接室にご案内いたしますので、どうぞお乗りください。
POINT 「乗る」という言葉についても、きちんと尊敬語を使いましょう。

エレベーターから降りるとき

✕ 先に降りてください

⭕ ○○へお進みください

実例 エレベーターを降りられたら、右へお進みください。

POINT エレベーターはお客様に先に降りてもらいます。そのあと、どちらに進むかも言いましょう。

応接室に案内するとき

✕ 入ってください

⭕ お入りください

実例 どうぞ、お入りください。

POINT 押し開きのドアは開けながら自分が先に入り、手前開きのドアはお客様に先に入ってもらいます。

応接室で座ることをすすめるとき

✕ 座ってお待ちください

⭕ お掛けになって、お待ちください

実例 こちらにお掛けになって、お待ちください。

POINT お客様に対しては、「お掛けになる」という言葉を使いましょう。

担当者が来ることを伝えるとき

✕ ○○が来ます

○ **○○が参ります**

実例 ただいま、担当の須藤が参ります。

POINT このときも、しっかり謙譲語の「参る」が使えるようにしましょう。

担当者がすぐに来られないことを伝えるとき

✕ お待ちください

○ **お待ちいただけますでしょうか**

実例 申し訳ありません。10分ほどお待ちいただけますでしょうか？

POINT 命令的ではなく、あくまでおうかがいを立てる言い方にしましょう。

シーン

約束のない来客への対応

前もって約束していないお客様が来ると、ついあせってしまって対応が雑になりがちです。急な来客にも対応できるようにしましょう。

用件をたずねるとき

✗ どういった用件ですか

○ **どのようなご用件でしょうか**

実例 失礼ですが、どのようなご用件でしょうか？

POINT このときもクッション言葉を使って丁寧に接しましょう。

名前を聞くとき

✗ どちら様ですか

○ **お名前をお聞かせください**

実例 失礼ですが、お名前をお聞かせいただけますでしょうか？

POINT このとき、決してつっけんどんな言い方にならないように注意しましょう。

約束の有無を聞くとき

 お約束はありますか

○ **お約束はいただいておりますか**

実例 失礼ですが、お約束はいただいておりますでしょうか？
POINT あまり警戒している様子が出ないようにしましょう。

担当の部署を案内するとき

 ○階まで来てください

○ **○階までいらしていただけますか？**

実例 営業部でご用件を承りますので、2階までいらしていただけますか？
POINT 「来てください」と言うと、少々乱暴な印象を与えてしまいます。

取り次ぎを断るとき①

 お取り次ぎはできません

○ **お取り次ぎはいたしかねます**

実例 お約束のない方のお取り次ぎは、いたしかねます。

POINT 仕事の場面では、「できません」という強い否定の言葉はあまり使わないほうがいいでしょう。

取り次ぎを断るとき②

✕ 面会はできません

〇 **面会は難しくなっております**

実例 松田は本日予定が入っており、面会は難しくなっております。

POINT ここでも「できません」ではなく、「難しくなっている」と少し柔らかい表現にしましょう。

担当者が会議中のとき

✕ 会議に入ってしまいました

〇 **会議中ですが、いかがいたしましょうか**

実例 山田はただいま会議中ですが、いかがいたしましょうか?

POINT 「いかがいたしましょうか?」とたずねて、待ってもらうか出直してもらうか決めてもらいます。

担当者が休みのとき

✕ お休みをいただいております

〇 **休みを取っております**

実例 あいにく担当の山田は本日、休みを取っております。

POINT 休みを与えているのは会社なので、「休みを取っております」としましょう。

シーン

自分の来客への対応

自分と約束していたお客様には、自らがホストとなり、責任を持って対応します。相手が居心地悪くならないよう気をつけましょう。

お茶をすすめるとき

✕ いただいてください

〇 **召し上がってください**

実例 どうぞ、召し上がってください。

POINT 「いただいてください」は明らかな間違いですので、注意しましょう。

出向いてもらったお礼を言うとき①

✕ 来ていただいてありがとうございます

〇 **お越しいただき、ありがとうございます**

実例 本日はお忙しい中、お越しいただき、誠にありがとうございます。

POINT ここではしっかり、「来る」のではなく「お越しになる」としましょう。

2

社外の人への敬語

91

出向いてもらったお礼を言うとき②

✕ ご苦労様です

〇 **ご足労いただき、
ありがとうございます**

実例 遠いところご足労いただき、誠にありがとうございます。

POINT このケースでは、「ご足労」という言葉が最も適しています。

出向いてもらったお礼を言うとき③

✕ 雨で大変なところ

〇 **お足下が悪い中**

実例 お足下が悪い中お越しいただき、誠にありがとうございます。

POINT これは雨以外、雪のときなどでも使います。

出向いてもらったお礼を言うとき④

✕ 暑いところ

〇 **お暑い中**

実例 お暑い中、お越しいただき、誠にありがとうございます。

POINT 寒い日は「お寒い中」とします。

手土産をもらったとき

 いただきます

○ **ありがとうございます**

実例 お気遣いいただき、ありがとうございます。皆でいただきます。
POINT しっかりと感謝の気持ちを伝えましょう。

接客中に中座するとき

 ちょっと失礼します

○ **少々席を外させていただきます**

実例 大変申し訳ございません。少々席を外させていただきます。
POINT 「ちょっと」という言葉はつい出てしまいがちですので、気をつけましょう。

話を切り上げるとき①

 そろそろ時間となりました

○ **いったんお預かりします**

実例 この件につきましては、いったんお預かりして、検討させていただきます。
POINT なるべく角が立たないように、丁寧に話を終えるように心掛けましょう。

話を切り上げるとき②

✕ それでは、そろそろ……

○ **ありがとうございました**

実例 本日は、ありがとうございました。

POINT 話の切りのいいところでお礼を述べることで、さりげなく終了を促すことができます。

室内で上着を着ることをすすめるとき

✕ ここで着てしまってください

○ **こちらでお召しになってください**

実例 どうぞ、こちらでコートをお召しになってください。

POINT 基本的にコートは室内では着ないものですが、特に寒いときなどは、室内で着るようにすすめましょう。

お客様を見送るとき

✕ さようなら

○ **本日はありがとうございました**

実例 本日はありがとうございました。どうぞお気をつけてお帰りください。

POINT 最後まで、感謝と気遣いの言葉を忘れないようにしましょう。

> シーン
>
> # アポイントを取るとき
>
> 打ち合わせや面談のアポイントは、先方に時間を取ってもらうようお願いすることです。くれぐれも失礼がないよう気をつけましょう。

先方の状況を確認するとき

✗ ちょっといいでしょうか

○ **お時間よろしいでしょうか**

実例 お世話になっております。M社の近藤です。今、お時間よろしいでしょうか？

POINT 「ちょっと」はつい言ってしまいますが、ぞんざいな印象になりますので使わないようにしましょう。

担当者に取り次いでもらうとき

✗ わかる人いますか

○ **ご担当の方をお願いいたします**

実例 恐れ入ります。ご担当の方をお願いできますでしょうか。

POINT 「わかる人」というのは幼稚な印象を与えてしまいます。大人の言い方を覚えましょう。

打ち合わせのアポイントを取るとき

✗ お時間をもらえませんか

◯ **打ち合わせのお時間をいただきたい**

実例 打ち合わせのお時間をいただきたいのですが、ご都合いかがでしょうか？

POINT 時間は「もらう」ではなく「いただく」という表現にしましょう。

都合を具体的にすり合わせるとき

✗ ◯月◯日にお時間ください

◯ **◯日以降で、ご都合のよろしい日はございますか**

実例 15日以降で、ご都合のよろしい日をいくつか教えていただけますでしょうか？

POINT 「◯月◯日」というように、ピンポイントで都合を確認しないようにしましょう。

提案された日の都合が悪いとき

 その日はダメです

あいにく都合が悪いのですが

実例 申し訳ありません。あいにく、その日は都合が悪いのですが……。

POINT 「ダメ」という言葉も、仕事の場では使わないようにしましょう。

「いつでもいい」と言われたとき

 ○日にしましょう

1日、3日、5日あたりはいかがでしょうか

実例 それでは、1日、3日、5日あたりはいかがでしょうか？

POINT ここでも、いきなり1案を提示するのではなく、候補日をいくつか提案しましょう。

約束の日時を変更したいとき

 変更したいのですが

変更させていただくことは可能でしょうか

実例 申し訳ございませんが、明日の15時のお約束を、16時に変更させていただくことは可能でしょうか？

POINT 冒頭に必ずお詫びの言葉を述べましょう。

シーン

訪問・商談のとき

取引先に出向いて商談するときは、特に緊張しやすい場面です。しっかり成果を上げるためにも、必要な言葉を覚えておきましょう。

受付で名乗るとき

✕ ○○と申しますが……

○ ○○社の○○と申します

実例 恐れ入ります。L社の木村と申します。

POINT 名乗るときは、必ず会社名と自分の名を告げましょう。

取り継いでもらうとき

✕ アポをもらっておりまして

○ お約束をいただいておりまして

実例 本日15時に、鈴木様にお約束をいただいておりまして。

POINT 社外の人に対して、「アポ」という簡略化した言葉は基本的に使ってはいけません。

約束していない相手を呼び出してもらうとき

 ○○様を呼んでほしいのですが

○ **お約束はいただいていないのですが**

実例 お約束はいただいていないのですが、鈴木様にお目にかかれますでしょうか？
POINT 「呼んでほしい」というのは、少々乱暴な表現です。

遅れそうで電話をするとき

 遅れてしまいます

○ **10分ほど遅れそうです**

実例 大変申し訳ございません。電車が止まっておりまして、10分ほど遅れそうです。
POINT どの程度遅れるのか、具体的に伝えましょう。

アポイントの変更をお願いするとき

 キャンセルをお願いします

○ **日にちを改めさせていただきたい**

実例 明日のお約束ですが、風邪をひいてしまったため、日にちを改めさせていただきたいのですが。
POINT 一方的にキャンセルの意向を伝えるだけではなく、理由を伝え、次の約束まで話をしましょう。

相手が不在だったとき

✕ また来ます

○ 日を改めます

実例 それでは、日を改めて参ります。

POINT 「日を改める」は定番フレーズです。決して、無愛想な言い方にならないようにしましょう。

応接室で席をすすめられたとき

✕ どうも

○ 失礼いたします

実例 ありがとうございます。それでは失礼いたします。

POINT 基本的には、椅子はすすめられるまでは座らないようにしましょう。

飲み物は何がいいか聞かれたとき

✕ 何でもいいです

○ 温かいものをお願いします

実例 それでは、温かいものをお願いします。

POINT 「何でもいい」というのは、いいように思えますが、かえって先方に気を使わせてしまいます。

お茶を出されたとき

 いただきます

○ 頂戴(ちょうだい)いたします

実例 恐れ入ります。頂戴いたします。

POINT 飲み物も、基本的にはすすめられてから飲みましょう。

初対面の相手に挨拶するとき

 こんにちは

○ はじめてお目にかかります

実例 はじめてお目にかかります。L社の木村と申します。

POINT 初対面の相手には、しっかりと「はじめてお目にかかります」と言いましょう。

同行者を紹介するとき

✗ こちらがいつもお世話になっている○○様です

○ **こちらは弊社の○○です**

実例 ご紹介いたします。こちらは弊社の村田です。こちらはいつもお世話になっている鈴木様です。
POINT 自社の人間を最初に紹介するようにしましょう。

名前を思い出せない人がいるとき

✗ お名前何でしたっけ

○ **お名前をもう一度お聞かせください**

実例 申し訳ございません。お名前をもう一度お聞かせいただけますでしょうか？
POINT このときはあいまいにせず、丁寧に聞くようにしましょう。

手土産を渡すとき

✗ これお土産です

○ **気持ちばかりのものです**

実例 気持ちばかりのものですが、皆さんでお召し上がりください。
POINT 「つまらないものですが」よりも、こちらのほうがより気持ちがこもっている印象になります。

名刺を渡すとき

 こういう者です

○ ○○社の○○と申します

実例 はじめまして。L社の木村と申します。

POINT 名刺を渡すさいは、必ず、会社名と名前を言いましょう。

名刺をもらうとき

 すみません

○ 頂戴いたします

実例 ありがとうございます。頂戴いたします。

POINT ここでも、しっかりと「もらう」ことの謙譲語の「頂戴する」を使いましょう。

名刺を出すのが遅れたとき

 すみません

○ 申し遅れました

実例 申し遅れました。L社の木村と申します。

POINT 名刺は目下から先に出すのが原則です。遅れてしまった場合は「申し遅れました」と言いましょう。

名刺に書いてある名前が読めないとき

✕ 何と書いてあるのですか

○ **何とお読みするのでしょうか**

実例 恐れ入りますが、何とお読みするのでしょうか？

POINT 「何て書いているのかわからない」とするのではなく、「どう読むのか」という聞き方をしましょう。

自分の名前について説明するとき

✕ ○○と言います

○ **○○と読みます**

実例 私はわりと珍しい名字なのですが、○○と読みます。

POINT 自分の名前についても「どう読むか」という言い方をします。

名刺を持っていないとき

✕ 名刺を持っておりませんもので

○ **ただいま名刺を切らしております**

実例 大変申し訳ございません。ただいま名刺を切らしております。

POINT 名刺を持っていない時点でマイナスポイントです。謝罪をした上でこの言葉を使いましょう。

本題に入る前の挨拶

✗ よろしくお願いします

○ **お時間をいただき、ありがとうございます**

実例 本日はお忙しいところお時間をいただき、誠にありがとうございます。

POINT まずは、時間を割いてもらったことへの感謝の言葉から入りましょう。

本題に入るとき

✗ ○○の件なのですが

○ **○○の件でご提案をさせていただきたく思い**

実例 本日は、弊社の新商品の件でご提案をさせていただきたく思い、うかがわせていただきました。

POINT 単刀直入に、「○○の件で」と言ってしまうと、少し乱暴な印象を与えてしまいます。

提案の結果について聞くとき

✗ この間ご提案した件ですが、どうですか

○ **○○の件ですが、いかがでしょうか**

実例 先日ご提案させていただいた弊社の新商品の件ですが、いかがでしょうか?

POINT 必ず何の件かを言いましょう。

資料を見せて説明するとき

✗ 見てほしいんですが

○ ご覧いただけますか

実例 こちらをご覧いただけますか？

POINT 「見る」という言葉は、尊敬語の「ご覧になる」にしましょう。

顧客の希望を聞くとき

✗ いくらがいいですか

○ おいくらくらいがご希望ですか

実例 御社としては、おいくらくらいがご希望でしょうか？

POINT 「いくら」ではなく「おいくら」、「いいですか」は「ご希望ですか」と言いましょう。

値段を下げるとき

✗ お安くしておきます

○ 勉強させていただきます

実例 このあたりまででしたら、何とか勉強させていただきます。

POINT 「勉強する」とは「学習する」ということではなく、「努力する」といった意味合いになります。

提示された金額に対して交渉するとき

✗ ギリギリの値段ですか

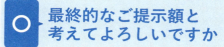

○ 最終的なご提示額と考えてよろしいですか

実例 恐れ入ります。こちらが最終的なご提示額と考えてよろしいですか?

POINT 「ギリギリ」という言葉は、ビジネスシーンでは使いません。

先方の不安を取り除くとき

✗ ご安心してください

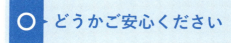

○ どうかご安心ください

実例 予定どおり4月10日には納品いたしますので、どうぞご安心ください。

POINT このとき「ご安心ください」というのは、定番フレーズです。

こちらからの提案を検討してもらうとき

✗ 考えておいてください

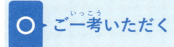

○ ご一考(いっこう)いただく

実例 それでは、本企画ですが、ご一考いただければと存じます。

POINT ここは「ご検討」でもいいのですが、「ご一考」だと柔らかい印象になります。

こちらからの提案への確認を求めるとき

✗ これで大丈夫でしたら

○ **特に問題がないようでしたら**

実例 特に問題がないようでしたら、こちらで進めさせていただきます。

POINT ここでも「大丈夫」とつい使ってしまわないように注意しましょう。

先方の提案に対して承諾するとき

✗ 全然大丈夫です

○ **全く問題ございません**

実例 昨日ご提案いただいた件ですが、全く問題ございません。

POINT 「全然大丈夫」という言い回しではなく、問題ないことをきちんと伝えましょう。

即答できないとき

✗ この場ではお答えできません

○ **私の一存では決めかねます**

実例 ご提案ですが、私の一存では決めかねますので、少々お時間をいただければ幸いです。

POINT 「できない」という言葉を使うより、「○○しかねる」とすると、少し柔らかい表現になります。

契約書などに署名・捺印(なついん)をもらうとき

 お名前とハンコをお願いします

○ ご署名とご捺印をお願いいたします

実例 それでは、こちらにご署名とご捺印をお願いいたします。
POINT 書類関係の話では、「名前を書く」ことは「署名」、「ハンコを押す」ことは「捺印」と言います。

こちらの提案を断られたとき

 また機会をください

○ 改めてお願いの機会をいただきたい

実例 また改めてお願いの機会をいただけたら、有難く存じます。
POINT 断られたことに対して、再度挑戦の機会をもらうので、一層丁寧な言い方をするよう注意しましょう。

相手に再考をお願いするとき

 もう一度考えてもらえませんか

○ 再度、ご検討いただけませんか

実例 誠に恐れ入りますが、再度、ご検討いただけませんでしょうか。
POINT このとき、「もう一度」は「再度」、「考える」は「ご検討」としましょう。

伝言を頼まれたとき

✕ 伝えます

◯ **申し伝えます**

実例 かしこまりました。確かに高橋に申し伝えます。

POINT 伝言を頼まれたときは、「申し伝える」という言葉を使うことを覚えましょう。

商談を終えるとき

✕ さようなら

◯ **ありがとうございました**

実例 本日は貴重なお時間をいただき、誠にありがとうございました。

POINT 最後の締めのときも、しっかりお礼を述べましょう。

辞去するとき

✕ さようなら

◯ **失礼いたします**

実例 それでは、失礼いたします。

POINT ビジネスシーンでは、「さようなら」という言葉は使わず、「失礼いたします」と言いましょう。

シーン

プレゼンのとき

プレゼン時には、資料やスライドショーを先方に見せることが多いでしょう。そんなときに使える言葉遣いを紹介します。

最初の挨拶

✕ こんにちは

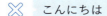

○ **お時間をいただき ありがとうございます**

実例 本日は、お忙しい中お時間をいただき、誠にありがとうございます。

POINT まずは、相手に時間を取ってもらったことに対してのお礼を述べましょう。

スライド上映などで室内を暗くするとき

✕ ちょっと暗くなります

○ **少しの間、暗くなります**

実例 これからスライドをご覧いただきます。少しの間、暗くなります。

POINT 「ちょっと」という言い方はぞんざいな印象を与えてしまうため、使用を避けましょう。

2 社外の人への敬語

説明をはじめるとき

❌ では、はじめます

⭕ 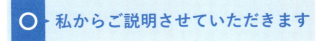 私からご説明させていただきます

実例 これより弊社の新商品について、私からご説明させていただきます。

POINT このとき、簡単な自己紹介を入れてもいいでしょう。

説明の途中で

❌ え〜、その〜、やっぱり〜

⭕ 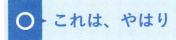 これは、やはり

実例 これは、やはり、かなり難しい部分だと思います。

POINT 何かを柔らかく言おうとして、言いよどむような言い回しにならないように注意しましょう。

質問を促すとき

❌ 質問があればどうぞ

⭕  ご不明な点はございますか

実例 何か、ご不明な点はございますでしょうか？

POINT 「不明な点」というのは、定番フレーズです。質問だけでなく、プレゼンを終えるときにも使えます。

プレゼン資料を見てもらうとき

✗ 見てください

○ ご覧ください

実例 お配りした資料をご覧ください。

POINT ここでは「見る」の尊敬語である「ご覧になる」を使いましょう。

わかったかどうか確認するとき

✗ おわかりになりましたか

○ ご理解いただけましたでしょうか

実例 ここまでのご説明で、ご理解いただけましたでしょうか？

POINT 「わかる」は「理解」と言い換えましょう。

プレゼンを終えるとき

✗ これで終わります

○ 説明を終わらせていただきます

実例 以上で、弊社からのご提案についての説明を終わらせていただきます。

POINT 何を終えるのかを言うと、より丁寧な印象になります。

シーン

接待するとき

お酒を飲む接待では、酔ってしまったり、気が緩んでしまったりすることが多くなります。仕事中だという意識を持ちましょう。

冒頭の挨拶

❌ わざわざありがとうございます

⭕ **お忙しい中ありがとうございます**

実例 本日は、お忙しい中お越しいただきまして、誠にありがとうございます。

POINT 「わざわざ」という言葉を使うと、少々嫌味な印象を与えてしまう恐れがあります。

飲み物は何がいいか聞くとき

❌ 何にしますか

⭕ **何になさいますか**

実例 村井部長、お飲み物は何になさいますか？

POINT ここでは、「する」のではなく「なさる」という言い方にしましょう。

お酒をすすめるとき

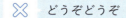　どうぞどうぞ

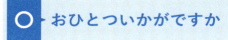　**おひとついかがですか**

実例　村井部長、おひとついかがですか？

POINT　「おひとついかがですか」はお酒をすすめるときの定番フレーズです。覚えておきましょう。

追加の飲み物をすすめるとき

　もっといかがですか

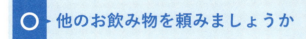　**他のお飲み物を頼みましょうか**

実例　何か、他のお飲み物を頼みましょうか？

POINT　「もっと」はぞんざいな印象になります。「他の飲み物」という表現にしましょう。

上司が挨拶するとき

 部長から挨拶があります

○ **部長の○○から
ご挨拶を申し上げます**

実例 それでは、部長の村井からご挨拶を申し上げます。

POINT 上司の行為でも、社外の人を立てる「申し上げる」という表現にします。

切り上げるとき

 そろそろ終わります

○ **そろそろお時間となります**

実例 お楽しみのところ誠に恐縮ですが、そろそろお時間となります。

POINT 「終わる」と言うと縁起が悪いので、「時間が来た」という表現にしましょう。

料理の感想を聞くとき

 おいしかったですか

○ **お口に合いましたか**

実例 お料理は、お口に合いましたでしょうか？

POINT 「お口に合いましたか？」は、おいしかったかどうかを聞くときの、最も丁寧な言葉遣いです。

車を呼ぶとき

✕ タクシーを呼びましょうか

○ **タクシーをお呼びしましょうか**

実例 そろそろタクシーをお呼びしましょうか？

POINT 「呼ぶ」のは自分の行為なので、しっかり謙譲語を使いましょう。

車が到着したとき

✕ 車が着きました

○ **車が到着いたしました**

実例 お待たせいたしました。車が到着いたしました。

POINT ここではしっかり丁寧語を使いましょう。

見送るとき

✕ 気をつけて

○ **お気をつけて**

実例 本日はありがとうございました。お気をつけてお帰りください。

POINT 「気をつけて」は「お気をつけて」、「帰ってください」は「お帰りください」と言いましょう。

シーン

接待されるとき

接待されるときも、接待する側と同様に仕事である意識を持ちましょう。自分がお客様の立場のときこそ、礼儀が問われます。

冒頭の挨拶

✗ お疲れ様です

○ **このような席を設けていただき、ありがとうございます**

実例 本日は、このような席を設けていただき、誠にありがとうございます。

POINT 「このような席を設けていただき」と言って、感謝の意を伝えるのは、ここでの定番です。

お酒が飲めないのにすすめられたとき

✗ 遠慮します

○ **では一口だけ頂戴します**

実例 あまり飲めないもので申し訳ございません。では一口だけ頂戴します。

POINT せっかくすすめていただいたものなので、口をつけるだけでもしましょう。

料理や飲み物をすすめられたとき

✕ どうも

○ いただきます

実例 恐れ入ります。いただきます。

POINT ここでもしっかり「恐れ入ります」というクッション言葉を使いましょう。

お代わりをすすめられて断るとき

✕ けっこうです

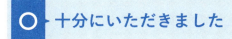
○ 十分にいただきました

実例 ありがとうございます。もう十分にいただきました。

POINT 「けっこうです」と断るのは、強い印象を与えます。「十分いただいたので」という言い方にしましょう。

帰り際の挨拶

✕ さようなら

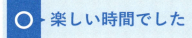
○ 楽しい時間でした

実例 お陰様で、とても楽しい時間でした。

POINT 別れ際にも、しっかり感謝の気持ちを伝える言葉遣いをしましょう。

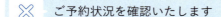

接客のとき

接客時には、「バイト敬語」という間違った敬語を使用する人が多くいます。正しく思える言葉でも、改めて確認しましょう。

予約を受けるとき

✗ ご予約状況を確認いたします

○ **予約状況を確認いたします**

実例 予約状況を確認いたしますので、少々お待ちください。

POINT このとき「予約状況」は、あくまで自分たちのことなので、予約に「ご」はつけません。

予約が可能なとき

✗ 大丈夫です

○ **お席のご用意ができます**

実例 はい、お席のご用意ができます。

POINT 「大丈夫」というあいまいな表現は避け、「お席のご用意が可能である」ということを伝えましょう。

予約を断るとき

 いっぱいです

 あいにく満席です

実例 申し訳ございません。あいにく満席となっております。

POINT 「あいにく」とは「期待に添えず、申し訳ない」ことです。残念な気持ちを込めて言いましょう。

お客様が来たとき

✗ 予約はされてますか

○ **ご予約をいただいておりますか**

実例 いらっしゃいませ。ご予約をいただいておりますか？

POINT 「予約をされてますか？」だと、ぞんざいな印象を与えてしまいます。注意しましょう。

人数を確認するとき

 何人

 何名様

実例 何名様でいらっしゃいますか？

POINT 他にも、「お連れ様はいらっしゃいますか？」などの言い方もよいでしょう。

席に案内するとき

✕ ご案内させていただきます

○ **ご案内いたします**

実例 お席にご案内いたします。

POINT 「ご案内する」に「させていただく」をつけると過剰な敬語になってしまいます。

禁煙か喫煙かを確認するとき

✕ おタバコは吸いますか

○ **禁煙席と喫煙席、どちらがよろしいでしょうか**

実例 いらっしゃいませ。禁煙席と喫煙席、どちらがよろしいでしょうか？

POINT どんな人に対しても「どちらの席がいいか」を聞くほうが丁寧な印象を与えます。

注文を取るとき

✕ 何にしましょう

○ **お決まりですか**

実例 ご注文は、お決まりですか？

POINT つい「何にしましょう？」「何がいいですか？」と言ってしまいがちですので、気をつけましょう。

注文を確認するとき①

✕ くり返します

◯ **確認させていただきます**

実例 それでは、ご注文を確認させていただきます。

POINT 復唱も、あくまでへりくだって「させていただく」というスタンスで行いましょう。

注文を確認するとき②

✕ 以上でよろしかったでしょうか

◯ **以上でよろしいでしょうか**

実例 ご注文は、以上でよろしいでしょうか？

POINT 「よろしかった」という言い回しは、「バイト敬語」です。正しい敬語ではありません。

注文の品がそろっているか確認するとき

✕ おそろいでしょうか

◯ **そろいましたでしょうか**

実例 ご注文の品は、すべてそろいましたでしょうか？

POINT 人以外の「物」を立てる表現はおかしいです。注意しましょう。

お客様に呼ばれたとき

✗ すぐ行きます

○ **ただいま参ります**

実例 ただいま参りますので、少々お待ちください。

POINT ここでは「行く」の謙譲語である「参る」を使いましょう。

お客様の質問にすぐに答えられないとき

✗ 聞いてきます

○ **聞いてまいります**

実例 聞いてまいりますので、少々お待ちください。

POINT 「聞いてまいります」の他に、「確認してまいります」も使えるフレーズです。

品切れのとき

✗ 品切れです

○ **切らしております**

実例 大変申し訳ございません。ただいまそちらは切らしております。

POINT 「切らしている」は定番フレーズです。申し訳ない気持ちを込めて言いましょう。

124

お買い得のものをすすめるとき

✗ お求めやすい

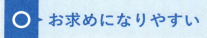
○ お求めになりやすい

実例 こちら、大変お求めになりやすい価格となっております。

POINT これは、非常に間違いやすい言葉遣いです。「お求めやすい」だと不完全な敬語になってしまいます。

お会計のとき

✗ ○○円からお預かりいたします

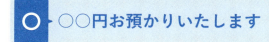
○ ○○円お預かりいたします

実例 ありがとうございます。1万5000円お預かりいたします。

POINT 「～から」という言葉は余分な表現です。気をつけましょう。

おつりを渡すとき

✗ おつりになります

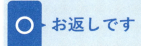
○ お返しです

実例 3000円のお返しです。

POINT 「～になります」も、いわゆる「バイト敬語」です。使わないようにしましょう。

コラム

若者言葉

「やばい」「マジ」……このような若者言葉を使用していると、品位を落としてしまいます。正しい言い方に直してみましょう。

「やばい」は、元々危険や不都合な状況が予測されることを意味します。「やばい」を不都合や危険といった意味で使用したい場合、「まずい」「いけない」「困った」などと言い換えることができます。肯定的な意味で使うときは、「見事」「優れている」と言えます。

「マジ」は、真面目の略で本気であることを意味します。驚くときは「信じられない」「意外」、確かなことを表現したいときは「真実」「間違いない」などと言い換えることができます。本気のときは、「真剣」「熱中」などと言えます。

　つい使ってしまう若者言葉を正しく言い換えて、恥ずかしくない大人になりましょう。

第 3 章

電話・メール
における敬語

この章では、電話やメールにおけるフレーズを紹介しています。電話を掛けたり、掛かってきた電話を受けたり、メールを送ったりすることは、仕事をする上で欠かせないことです。しっかり学びましょう。

シーン

電話に出るとき

電話対応は、社会人の基本です。電話のときのあなたの印象が、会社のイメージになります。会社の代表として、対応しましょう。

電話が鳴って受話器を取ったとき

✕ ○○社ですが

○ ○○社でございます

実例 はい、N社でございます。

POINT 「が」で言葉が終わってしまうと中途半端な印象になります。しっかり言い切りましょう。

相手が名乗ったあと

✕ こんにちは

○ お世話になっております

実例 いつもお世話になっております。

POINT はじめて電話を掛けてきた人でも、社外の人に対しては、「お世話になっております」と言いましょう。

相手が名乗らないとき

✗ どちら様ですか

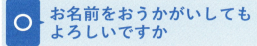
○ お名前をおうかがいしてもよろしいですか

実例 失礼ですが、お名前をおうかがいしてもよろしいでしょうか？

POINT 必ず「失礼ですが」「恐れ入りますが」といったクッション言葉を最初につけましょう。

すぐに電話に出られなかったとき

✗ はい！

○ お待たせいたしました

実例 お待たせいたしました。N社でございます。

POINT 3コール以上、相手を待たせてしまったときは、「お待たせいたしました」と言いましょう。

相手の名前を聞いたが、よくわからなかったとき

✗ 聞き取りにくかったのですが

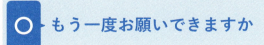
○ もう一度お願いできますか

実例 恐れ入ります。お名前をもう一度お願いできますか？

POINT 実際に、聞き取りにくかったとしても、相手のせいにせず、丁寧に申し出ましょう。

名前が聞き取れないとき

✕ もう少し大きな声で

○ **お電話が遠いようです**

実例 申し訳ございません。お電話が遠いようです。

POINT 直接、声の大小については、触れないようにしましょう。

電話中の相手を長時間待たせるとき

✕ （延々、保留音を流しておく）

○ **折り返し、お電話差し上げます**

実例 大変お待たせしております。よろしければ、折り返しお電話差し上げます。

POINT 待たせる時間は、最大30秒くらいを目安にして、長引くときは折り返しましょう。

フルネームを聞きたいとき

✕ 下のお名前もお聞かせいただけますか

○ **フルネームを
お聞かせいただけますか**

実例 恐れ入りますが、フルネームをお聞かせいただけますか？

POINT 「下の名前」でも意味は通じますが、フルネームとしたほうがいいでしょう。

名前の漢字がわからないとき

 どんな字を書きますか

どのような字をお書きになりますか

実例 恐れ入りますが、どのような字をお書きになりますか？

POINT 冒頭に「恐れ入ります」などの言葉を入れて、丁寧な印象を持たせましょう。

相手の会社名がわからないとき

 会社名は何でしょう

どちらの○○様ですか

実例 失礼ですが、どちらの佐藤様ですか？

POINT 最初に「失礼ですが」というクッション言葉を添えると、さらにいいでしょう。

間違い電話だったとき①

 どちらにお掛けですか

お掛け間違いではないでしょうか

実例 失礼ですが、お掛け間違いではないでしょうか？

POINT 知らない相手でも、つっけんどんな言い方にならないように注意しましょう。

間違い電話だったとき②

✖ 間違いだと思います

◯ **何番にお掛けでしょうか**

実例 こちらN社と申します。恐れ入りますが、何番にお掛けでしょうか？

POINT 相手に電話番号の確認を求め、間違いをそれとなく伝えましょう。

自分宛の電話だったとき

✖ はい、何でしょう

◯ **私が◯◯でございます**

実例 はい、私が佐々木でございます。お世話になっております。

POINT しっかり自分の名前を名乗りましょう。

先方からの電話で、こちらの用件を伝えるとき

✖ ちょうどよかったです

◯ **いただいた電話で申し訳ございません**

実例 いただいた電話で申し訳ございません。N社の件ですが。

POINT 急いでいても、「いただいた電話で申し訳ございません」と言ってから話しはじめましょう。

社内に同姓の人が複数いるとき

× 佐藤「なに」でしょうか

○ 佐藤は3名おりますので、フルネームでお願いします

実例 佐藤は3名おりますので、恐れ入りますが、フルネームでお願いします。

POINT 決して、端折って「なに」と言ってしまわないようにしましょう。

来客の迎えに出るとき

× 迎えに行きます

○ お迎えに上がります

実例 弊社の場所は、おわかりになりにくいと思いますので、駅までお迎えに上がります。

POINT 「迎えに行く」のではなく「お迎えに上がる」とすると丁寧です。

来客の現在地を確認するとき

× どのあたりですか

○ どちらにいらっしゃいますか

実例 今、どちらにいらっしゃいますか？

POINT 「どのあたり」という言葉は、ぞんざいに感じられますので、控えましょう。

シーン

電話を取り次ぐとき

電話先と社内の人との間に立つのが、電話を取り次ぐときです。相手の要求や社内の動きを確認して、正しく取り次ぎましょう。

上司への電話を取り次ぐとき

✕ ○○部長ですね

○ ○○ですね

実例 山田ですね。少々お待ちください。

POINT 社外の人に対して社内の人のことを話すときは、役職や敬称はつけません。

上司の家族からの電話を取り次ぐとき

✕ ○○ですね

○ ○○部長ですね

実例 山田部長ですね。少々お待ちください。

POINT 上司の身内に対して社内の人のことを話すときは、役職や敬称をつけます。

134

担当者に代わるとき

❌ 担当に代わってもらうので

⭕ **担当の者に代わりますので**

実例 担当の者に代わりますので、少々お待ちください。

POINT 「○○してもらう」は、相手から恩恵を受けるときに使います。

指名された人が席を外しているとき

❌ ○○はいないようです

⭕ **○○はただいま席を外しております**

実例 坂本はただいま席を外しております。戻りましたらお電話差し上げるように申し伝えましょうか？

POINT このときは「席を外している」というのが、定番フレーズです。

指名された人が外出しているとき

❌ 外出しております

⭕ **外出しておりまして、○時に帰社予定です**

実例 山田はただいま外出しておりまして、16時に帰社予定ですが、お急ぎですか？

POINT 帰社時間を伝えて、どのように対応すべきか、判断をあおぐようにしましょう。

指名された人が電話中のとき

✗ ただいま電話中です

○ **他の電話に出ております**

実例 山田はただいま他の電話に出ております。終わりましたらお電話差し上げるようにいたしましょうか？

POINT このときは「他の電話に出ている」というのが、定番フレーズです。

休みの人がいつ出社するかと聞かれたとき

✗ 恐らく、明日には出てくるかと思います

○ **明日、出社いたします**

実例 山田は、明日、出社いたします。

POINT あいまいな表現は避け、いつ出社するか明確に伝えましょう。

代わりに用件を聞くとき

✗ ご用件は何でしょうか

○ **代わりにご用件を承ります**

実例 もしよろしければ、代わりにご用件を承ります。

POINT 代わりに話を聞いたら、その内容をあとで担当者に伝えます。

伝言を頼まれたとき

✗ 伝えます

○ **申し伝えます**

実例 山田が戻りましたら、申し伝えます。

POINT 身内への伝言は、「申し伝える」と言います。

相手の電話番号を聞くとき

✗ 電話番号は何番になりますか

○ **お電話番号をうかがってもよろしいでしょうか**

実例 念のため、お電話番号をうかがってもよろしいでしょうか？

POINT 折り返すための番号が必要な場合、あくまでも「うかがう」という姿勢で話しましょう。

「担当者があとで掛け直す」ことを伝えるとき

✗ のちほど掛け直します

○ **のちほどこちらからご連絡差し上げます**

実例 お待たせして申し訳ございません。山田が、のちほどこちらからご連絡差し上げると申しております。

POINT 「掛け直す」というのは少々ぞんざいな印象です。

至急、取り次いでほしいと言われたとき

✕ しばらくお待ちください

〇 確認いたしますので、
少々お待ちください

実例 承知いたしました。確認いたしますので、少々お待ちください。

POINT 安請け合いはせず、「確認します」と言いましょう。

先方が「自分から掛け直す」と言ったとき

✕ よろしくお願いします

〇 恐れ入ります

実例 恐れ入ります。それでは、山田にその旨、申し伝えます。

POINT 相手の手をわずらわせることになるので、「恐れ入ります」と言いましょう。

電話中に担当者が戻ってきたとき

✕ ちょっと待ってください

〇 戻ってまいりました

実例 山田が戻ってまいりましたので、少々お待ちください。

POINT 慌てると、ぞんざいな言葉になりがちです。気をつけましょう。

先方の名前などを確認するとき

 ○○様でよろしかったでしょうか

○○社の○○様ですね

実例 復唱いたします。090－○○○○－○○○○、R社の加藤様ですね。

POINT 「よろしかったでしょうか」は、バイト敬語です。使わないようにしましょう。

セールスの電話を断るとき

 間に合ってます

せっかくですが、お断りいたします

実例 私どもには必要がございませんので、せっかくですが、お断りいたします。

POINT 丁寧な言い方をしつつも、きっぱりと断りましょう。

担当者が打ち合わせ中のとき

 手が離せないようです

打ち合わせ中です

実例 申し訳ございません。ただいま打ち合わせ中です。

POINT つい「手が離せない」と言ってしまいがちですが、正しい表現ではありません。注意しましょう。

担当者が接客中のとき

✕ お客様が来ています

○ **接客中です**

実例 申し訳ございません。ただいま接客中です。

POINT お客様に対応しているさいは「接客中」というのが定番フレーズです。

担当者が出張中のとき

✕ ○日まで出張です

○ **○日から出社いたします**

実例 山田はただいま出張中でして、15日から出社する予定です。

POINT 「○日まで出張」より「○日から出社」のほうが、先方に担当者の出社日が明確に伝わります。

担当者が退社してしまっているとき

✕ 帰りました

○ **退社いたしました**

実例 申し訳ございません。山田は、本日すでに退社いたしました。

POINT 「帰る（帰宅する）」という表現は、社外の人に対しては使いません。

シーン

電話を取り次いでもらったとき

取り次いでもらった電話に出るときは、たとえよく知っている相手でも、失礼にならないように気をつけましょう。

電話に出るとき

✗ もしもし

○ **お電話代わりました**

実例 お電話代わりました。松本でございます。

POINT 電話に出た人が代わったことがわかるように、「お電話代わりました」と冒頭に言いましょう。

相手を待たせたあと、電話に出るとき

✗ すみません

○ **お待たせいたしました**

実例 大変お待たせいたしました。松本でございます。

POINT 取り次ぐ間に待たせてしまって申し訳なかったということについて、しっかり詫びましょう。

しばらく会っていない相手のとき

× どうもどうも

○ ご無沙汰しております

実例 ご無沙汰しております。松本でございます。

POINT 久しぶりの相手に対しては、電話でも「ご無沙汰しております」と最初に言いましょう。

心当たりがない相手のとき

× どちら様ですか

○ 失礼ですが、どちらの○○様でしょうか

実例 私、松本と申しますが、失礼ですが、どちらの池田様でしょうか？

POINT 自分が忘れている可能性もあるので、決して、失礼な言い方にならないように気をつけましょう。

シーン

社外に電話をするとき

電話を掛けるときは、相手の時間を奪っている意識を持ちましょう。できれば、事前に電話する時間を伝えてから掛けましょう。

相手が電話に出たとき

✗ もしもし、○○社の○○ですが

○ **○○社の○○と申します**

実例 R社の松井と申します。いつもお世話になっております。

POINT 「もしもし」という言葉は、仕事の場ではあまり使いません。

夜遅くに電話するとき

✗ 今、大丈夫ですか

○ **夜分(やぶん)に恐れ入ります**

実例 夜分に恐れ入ります。R社の松井と申します。

POINT 営業時間外に電話するときは、必ず「遅い時間に申し訳ない」という気持ちを伝えましょう。

3 電話・メールにおける敬語

143

忙しい時間帯に掛けたとき

✕ すみません

○ お忙しい時間に申し訳ございません

実例 お忙しい時間に申し訳ございません。Ｒ社の松井と申します。

POINT 先方が忙しそうな時間帯にどうしても電話するさいは、謝りつつ手短に済ませましょう。

外出中の相手に電話するとき

✕ 今、どちらですか

○ お出かけ先まで、申し訳ございません

実例 お出かけ先まで、申し訳ございません。Ｒ社の松井と申します。

POINT 緊急の用件があるとき以外は、基本的には外出中の相手への電話は控えましょう。

先方が休日のとき

✕ 緊急の用件だったもので

○ お休みのところ申し訳ございません

実例 お休みのところ申し訳ございません。急ぎ確認したいことがございまして、ご連絡差し上げました。

POINT 本当に緊急の用件でない限り、先方の休みが明けるまでは連絡はしないようにしましょう。

間違えて電話を掛けてしまったとき

✗ 間違えました

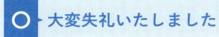
○ 大変失礼いたしました

実例 大変失礼いたしました。番号を間違えてしまったようです。

POINT 間違えたときは、すぐ電話を切るのではなく、しっかり謝りましょう。

電話の取り次ぎをお願いするとき

✗ ○○課長様、お願いします

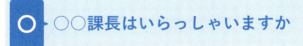
○ ○○課長はいらっしゃいますか

実例 私、R社の松井と申します。中田課長はいらっしゃいますか？

POINT つい、役職名のあとに「様」とつけがちですが、必要ありません。

「少々お待ちください」と言われたとき

✗ はい

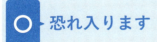
○ 恐れ入ります

実例 恐れ入ります。お願いいたします。

POINT 「はい」だけでも悪くはないのですが、「恐れ入ります」としたほうが、より丁寧になります。

先方が電話に出たとき

 どうも

○ **お世話になっております**

実例　R社の松井でございます。いつも大変お世話になっております。
POINT　電話でも「お世話になっております」が基本の挨拶です。

相手からの電話に折り返したとき

 電話をもらいまして

○ **お電話をいただいたようですが**

実例　R社の松井です。お電話をいただいたようですが、席を外しており、申し訳ございませんでした。
POINT　電話を「もらう」ではなく「いただく」としましょう。

電話を掛けた相手が出られなかったとき

 また電話します

○ **のちほど改めてお電話差し上げます**

実例　それでは、のちほど改めてお電話差し上げます。

POINT　ここでは、「また」ではなく「のちほど」を使います。

相手の戻り時間を聞くとき

 何時頃お戻りになられますか

何時頃戻られる予定でしょうか

実例 中田課長は、何時頃戻られる予定でしょうか？

POINT つい使ってしまう言い回しですが、「お戻りになられる」は二重敬語ですので避けましょう。

休んでいる相手の出社予定を聞くとき

 あしたは出社しますか

**みょうにちは
ご出社の予定でしょうか**

実例 大田社長は、みょうにちはご出社の予定でしょうか？

POINT 「あす」「あした」でもいいのですが、「みょうにち」としたほうがより丁寧です。

折り返し電話をすると言われたとき

 お願いします

お願いできますでしょうか

実例 恐れ入りますが、そのようにお願いできますでしょうか。

POINT 「恐れ入ります」と言った上で、「○○できますでしょうか」と丁寧にお願いしましょう。

折り返しの電話を断るとき

✕ 大丈夫です

〇 **それには及びません**

実例 いえ、それには及びません。こちらからお掛け直しいたします。

POINT つい「大丈夫です」という言葉を使いがちですが、砕けた言い方です。

電話をした旨を伝えてもらうとき

✕ 伝えてもらえますか

〇 **お伝えいただけますか**

実例 中田様に、R社の松井から電話がありましたことを、お伝えいただけますでしょうか。

POINT 「○○してもらえますか」ではなく「○○していただけますか」としましょう。

メールを送った旨を伝言するとき

✕ 見てくださいと伝えてください

〇 **ご確認いただきたいと、お伝えください**

実例 メールをお送りいたしましたので、ご確認いただきたいと、お伝えいただけますでしょうか。

POINT 「見てください」は「ご確認」、「伝えてください」は「お伝えください」としましょう。

至急、電話がほしい旨を伝言するとき

✗ 急いでお話ししたいのですが

○ **至急、ご相談したいことがございます**

実例 至急、ご相談したいことがございますので、ご連絡をくださるよう、お伝えいただけますでしょうか。

POINT 「急ぎ」は「至急」という言葉に言い換えましょう。

伝言を頼んだ相手の名前を聞くとき

✗ お名前は何でしょう

○ **お名前をうかがえますか**

実例 失礼ですが、お名前をうかがえますでしょうか？

POINT 取り次いでくれる人に対しても、きちんと丁寧な言葉遣いをしましょう。

出先の相手の携帯に電話をするとき

✗ すみません。○○の件ですが

○ **○○様の携帯でしょうか**

実例 R社の松井と申します。中田様の携帯でしょうか？

POINT いきなり用件を切り出さずに、相手を確認しましょう。

相手の状況を確認するとき

✕ 大丈夫ですか

○ **少しお時間いただけますか**

実例 R社の松井です。今、少しお時間いただけますでしょうか。

POINT 電話では相手の状況が見えないので、話しはじめる前に必ず確認しましょう。

電話が途中で切れてしまい、掛け直すとき

✕ 先ほどの続きなのですが

○ **続けてよろしいでしょうか**

実例 大変失礼いたしました。切れてしまいました。続けてよろしいでしょうか。

POINT 話を続ける前に、改めて、話をしてもいいか確認しましょう。

留守電にメッセージを入れるとき

✕ ○○の件ですが……

○ **改めてお電話いたします**

実例 R社の松井と申します。改めてお電話いたします。

POINT 留守電にそのまま用件を吹き込むのではなく、改めて電話を掛け直して用件を伝えましょう。

シーン

クレーム対応

クレーム対応では、正しい対応ができていないと、さらに火に油を注ぐことになりかねません。誠心誠意、対応しましょう。

クレームを受けたとき

✕ そうですか

○ 申し訳ございません

実例 ご迷惑をお掛けして、申し訳ございません。

POINT クレームだとわかったら、まずはお詫びの言葉を言いましょう。

クレームへの相槌を打つとき

✕ そうですか

○ さようでございますか

実例 さようでございますか。申し訳ございません。

POINT このとき、きちんと話を聞いていることが先方にわかるように相槌を打ちましょう。

クレームの詳細を確認するとき

✗ どういったことでしょう

○ **詳しくお聞かせいただけますでしょうか**

実例 恐れ入りますが、詳しくお聞かせいただけますでしょうか。

POINT クレームに対しては、決して、ぞんざいに扱っているような印象を与えないように気をつけましょう。

担当者に取り次ぐとき

✗ お待ちください

○ **少々、お待ちいただけますでしょうか**

実例 ただいま担当の者に代わります。恐れ入りますが、少々、お待ちいただけますでしょうか。

POINT 待たせてしまうことになるので、丁寧にお願いしましょう。

自分では判断できないとき

✗ 考えさせていただきます

○ **私の一存では判断いたしかねます**

実例 私の一存では判断いたしかねますので、上の者と相談しまして、折り返しご連絡させていただきます。

POINT 厳しくクレームを言われても、あせって、安易にひとりで決めないようにしましょう。

こちらのミスかどうかはっきりしないとき

✕ 予定どおり手配をしているはずですが

○ 至急確認をしてご連絡差し上げます

実例 大変ご迷惑をお掛けしております。至急確認をしてご連絡差し上げます。

POINT 相手の思い違いだと思っても、決めつけるような言い方は避けましょう。

担当外のクレームのとき

✕ 私は担当ではないので、よくわかりません

○ 私ではわかりかねます

実例 私ではわかりかねますので、担当の者に代わります。少々お待ちください。

POINT 事情がよくわからないクレームは、あせっていいかげんな回答をしないようにしましょう。

クレームに対して意見があるとき

✕ それはおかしいかと思います

○ ごもっともと存じますが

実例 おっしゃることは、ごもっともと存じますが。

POINT たとえ理不尽なクレームでも、相手が間違っているかのような言い方は避けましょう。

153

無理な要求を突きつけられたとき

✕ それは無理です

○ **ご希望には添いかねます**

実例 申し訳ございませんが、ご希望には添いかねます。

POINT 法外な要求に対しては、丁寧に毅然とした回答をしましょう。

電話を切るとき

✕ それでは

○ **このようなことがないように
いたします**

実例 今後、このようなことがないように十分注意いたします。

POINT 最後まで気を緩めずに、謝意を伝えるようにします。

確認して電話を折り返すとき

✕ すぐに折り返します

○ **○○分後にこちらから
お電話を差し上げます**

実例 確認をいたしまして、20分後に、こちらからお電話差し上げるようにいたします。

POINT 「すぐ」ではなく、（少し余裕を持たせた）明確な時間を先方に伝えるようにしましょう。

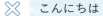

シーン

メールを送るとき

メールでは、御社ではなく貴社と書くなど、話すときとは異なる言葉を使います。丁寧でありながらも、簡潔な書き方をしましょう。

件名

 こんにちは

○○の資料の件

実例 **明日の会議資料の件**

POINT 用件が一目でわかるよう、端的に書きましょう。

本文の冒頭

 拝啓

お世話になっております

実例 **お世話になっております。S社の星野です。**

POINT メールにおいては、「拝啓・敬具」といった言葉は基本的には使いません。

返信の件名

❌ Re：昨日はありがとうございました

⭕ **こちらこそありがとうございました**

実例 こちらこそ、昨日はありがとうございました

POINT 相手の件名が、お礼文などの場合は、単純な返信ではなく、なるべく改めて文章を作成しましょう。

返信文の冒頭

❌ その件ですが

⭕ **ご返信ありがとうございます**

実例 お忙しい中、ご返信ありがとうございます。

POINT いきなり本題に入るのは、少々乱暴な印象を与えます。簡単な挨拶を入れましょう。

返信が遅くなってしまったとき

❌ お世話になっております

⭕ **遅くなって申し訳ございません**

実例 ご返事が遅くなってしまい、申し訳ございませんでした。

POINT 返信までに時間がかかってしまったときは、必ず冒頭で一言謝罪しましょう。

メールが届いているか確認するとき

✗ メールは届きましたか？

○ **メールをお送りいたしましたが、お手元に届いておりますでしょうか**

実例 12日に会議資料についてメールをお送りいたしましたが、お手元に届いておりますでしょうか。

POINT 「届きましたか？」では、相手を責めている印象になります。督促時でも、責める文章はNGです。

先に返事だけしたいとき

✗ 取り急ぎ、お返事まで

○ **まずはご返信のみにて、失礼いたします**

実例 データを拝受いたしました。まずはご返信のみにて、失礼いたします。

POINT 取り急ぎは「間に合わせの処置」という意味です。取引先や目上の人には絶対に使ってはいけません。

コラム

大和言葉
やまとことば

　大和言葉とは、日本で生まれた日本古来の言葉です。和語とも言います。大和言葉は柔らかく丁寧な響きがあるため、ビジネスシーンで使用すると相手によい印象を与えることができます。

　例えば、「カバーする」という言葉は「穴を埋める」と言い換えることができます。他にも、「キーパーソン」は「大立者」、「サボる」は「油を売る」などと言えます。

　カタカナの言葉は、無機質でそっけない印象になりますが、大和言葉に言い換えるだけで柔らかく奥行きのある表現になります。

　大和言葉は、言いにくいことも柔らかく伝えることができる言葉です。「あいまいな表現は避ける」「難しい言葉は使わない」「長い文章にならないようにする」といったことに気をつけながら、ぜひ活用してみてください。

第 4 章

日常生活
での敬語

この章では、日常生活におけるフレーズを紹
介します。お見舞いや結婚式、葬儀の場では
しっかりとした敬語を使わなければなりませ
ん。また、かしこまった場以外での言葉遣い
についても紹介しましたので、参考にしてく
ださい。

シーン

お見舞いのとき

お見舞い時は、病人やその家族を第一に考えましょう。病状を根掘り葉掘り聞かないよう、踏み込んだ話は控えるようにしましょう。

病室に入るとき

❌ こんにちは〜

⭕ **失礼します**

実例 失礼します。本田です。

POINT 病室には、他の患者さんたちもいることがあるので、あまり騒々しくならないようにしましょう。

お見舞いの品を渡すとき

❌ 少しばかりですが

⭕ **気持ちばかりですが**

実例 ほんの気持ちばかりですが。

POINT 「少しばかり」というのは、この場面では明らかにそぐわない言葉です。

具合をたずねるとき

✕ 病状はどうですか

○ **お加減いかがですか**

実例　ご入院なさったとのことで、驚きました。お加減いかがですか？

POINT　このときは「お加減」という表現が最も適しています。

病人の様子を見て

✕ 顔色がすぐれませんね

○ **お元気そうで安心しました**

実例　思ったよりお元気そうで安心しました。

POINT　明らかに病状がすぐれない相手にはかえって不自然になるので、使わないほうがいいでしょう。

励ますとき①

✕ いい機会なので、のんびりしてください

○ **休暇と思って、十分療養してください**

実例　久しぶりの休暇と思って、十分療養してくださいね。

POINT　病気やけがを「いい機会」と言うのは、不適切なので避けましょう。

励ますとき②

✕ 仕事のことは気にせず

〇 **退院をお待ちしております**

実例 退院なさる日を、お待ちしております。

POINT 自分がいなくても平気であるかのように言われると、複雑な思いを抱いてしまう人もいます。

励ますとき③

✕ がんばってください

〇 **お大事に**

実例 どうぞお大事になさってください。

POINT 「がんばって」には、あおっているようなニュアンスを感じる人もいるので、注意しましょう。

辞去するとき

✕ では、さようなら

〇 **今日はこれで**

実例 お体にさわるといけませんので、今日はこれで。

POINT 「さようなら」は、別れをイメージさせるため、お見舞いにはふさわしい言葉ではありません。

> **シーン**
>
> # 家を訪問するとき
>
> 家におうかがいするときは、相手への心配り
> と丁寧な所作が大切です。訪問先で恥をかか
> ないよう、気をつけましょう。

家に着いたとき

✗ どうも

○ **お招きいただき
ありがとうございます**

実例 本日は、お招きいただきありがとうございます。

POINT 訪問したら、まず感謝の意を伝えましょう。

家をほめるとき

✗ のどかですね

○ **閑静（かんせい）なところですね**

実例 閑静なところにある、素敵なお宅ですね。

POINT 静かなよい環境にある家をほめるときは、「閑静な
ところ」というのが定番フレーズです。

「上がってください」と言われたとき

✗ はい

○ おじゃまいたします

実例　それでは、おじゃまいたします。

POINT　玄関からお宅に上がるさいには、必ず「おじゃまいたします」と言いましょう。

手土産を渡すとき

✗ どうぞ

○ お召し上がりください

実例　よろしかったら、皆様でお召し上がりください。

POINT　手土産は、そのまま差し出すのではなく、紙袋などから出して渡すようにしましょう。

飲み物などをすすめられたとき

✗ 気にしないでください

○ どうぞお構いなく

実例　恐れ入ります。どうぞお構いなく。

POINT　遠慮するつもりで、つい「気にしないでください」と言わないように気をつけましょう。

先方の家族に会ったとき

✕ あっ、こんにちは

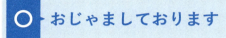

○ おじゃましております

実例 おじゃましております。平沢と申します。

POINT 思いがけず鉢合わせしてしまった場合も、きちんと名乗って挨拶をしましょう。

トイレを借りるとき

✕ トイレはどこですか？

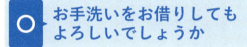

○ お手洗いをお借りしてもよろしいでしょうか

実例 すみません。お手洗いをお借りしてもよろしいでしょうか。

POINT 「お手洗い」のほうが「トイレ」より丁寧です。

手料理をご馳走になったとき

✕ うまいです

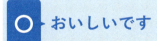

○ おいしいです

実例 とてもおいしいです。ありがとうございます。

POINT 「うまい」は、非常に砕けた言葉で、ぞんざいな印象を与えてしまいます。

相手の趣味をほめるとき

✗ うまいですね

○ お上手(じょうず)ですね

実例 上田さんの絵は、とてもお上手ですね。

POINT 単に「うまい」とすると、上から目線に思われてしまいます。

帰ることを切り出すとき

✗ 帰ります

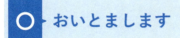
○ おいとまします

実例 そろそろ、おいとまさせていただきます。

POINT 「帰る」という言葉を直接使うよりも、「おいとま」としたほうが柔らかい表現になります。

帰り際の挨拶

✗ それではまた

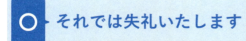
○ それでは失礼いたします

実例 それでは失礼いたします。本日はありがとうございました。

POINT 「また」だけでは、そっけない印象になります。最後にお礼を述べると、さらによいでしょう。

> **シーン**
>
> # 自宅に知人を招くとき
>
> 自宅に人を招くと、最初は緊張するものの、次第に気が緩んでしまいがちです。気の緩みから、相手を不快にしないようにしましょう。

相手を出迎えるとき

✕ どうぞどうぞ

○ **どうぞお上がりください**

実例 いらっしゃいませ。どうぞお上がりください。

POINT 単に「どうぞ」と言うだけでなく、「お上がりください」と言いましょう。

お茶を出すとき

✕ コーヒーでいいですよね

○ **冷たい飲み物と温かい飲み物、どちらがよろしいですか**

実例 飲み物は、冷たいものと温かいもの、どちらがよろしいでしょうか?

POINT 相手の好みや、そのときの状態(暑そうか、寒そうか)なども確認した上で、お茶を出しましょう。

食事を振る舞うとき

✕ ご飯食べていってください

○ **お食事ご一緒しませんか**

実例 もしお時間がありましたら、お食事ご一緒しませんか？

POINT 相手にも都合があるので、きちんと都合を確認した上で誘いましょう。

見送るとき

✕ それじゃあ

○ **お構いもできませんで**

実例 お構いもできませんで。ぜひ、またお越しください。

POINT きちんとおもてなしした場合でも、謙虚に「お構いもできませんで」と言いましょう。

再びの訪問を促すとき

✕ また来てね

○ **またお立ち寄りください**

実例 それでは、ぜひ、またお立ち寄りください。

POINT 「来てください」より「お立ち寄りください」としたほうが丁寧です。

> **シーン**
>
> # 近所づきあいで
>
> ご近所づきあいで大切なのは、「詮索しない」ことです。たとえ、毎日会うような親しい人でも、なれなれしい態度は控えましょう。

ご近所さんと道で会ったとき

✗ どちらまで

○ **お出かけですか**

実例 こんにちは。お出かけですか？

POINT あまり行き先を詮索するような聞き方は避けましょう。

知人と久しぶりに会ったとき

✗ 何をしていたんですか

○ **お変わりありませんか**

実例 お久しぶりです。お変わりありませんか。

POINT 「お変わりありませんか」は、久しぶりに会った相手に対して使う定番フレーズです。

急いでいるときに話しかけられたら

✕ 急いでいるので

○ **待ち合わせをしているので**

実例 申し訳ありません。待ち合わせをしているので、失礼します。

POINT 約束があるということを伝えると、あまり角が立たずにすみます。

立ち話を終えるとき

✕ あっ、こんな時間だ

○ **お引きとめしてしまいました**

実例 お引きとめしてしまい、申し訳ありませんでした。

POINT どちらが会話の発端であっても、「お引きとめしてしまった」という言い方をしましょう。

「元気ですか？」とたずねられたとき

✕ まあ、なんとか

○ **お陰様で**

実例 お陰様で、元気にしております。

POINT 相手のお陰ではなくても、気にかけてくれたことへ感謝を込めて、「お陰様」と返します。

> **シーン**
>
> # 道や乗り物で
>
> 知らない人に話しかけたり、話しかけられたりすると、怪しんだり、怖がられたりすることもあります。丁寧な態度で接しましょう。

人を呼びとめるとき

❌ ちょっとすみません

⭕ **恐れ入ります**

実例 恐れ入ります。少しおうかがいしたいのですが。

POINT 日常の場面でも、特に人に何かをお願いするときは「ちょっと」という言葉は控えましょう。

道順などを聞くとき

❌ どうやって行けば

⭕ **どのように行けば**

実例 バス停までは、どのように行けばよろしいのでしょうか？

POINT 「どうやって」はぞんざいな印象を与える言葉です。知らない人には丁寧な言い方をしましょう。

方向を聞くとき

❌ どっちですか

⭕ **どちらですか**

実例 駅はどちらの方角ですか？

POINT 「どっち」もぞんざいな言葉です。とっさに言ってしまわないように気をつけましょう。

困っている人に声をかけるとき

❌ 大丈夫ですか

⭕ **何かお困りですか**

実例 何かお困りでしょうか？

POINT 「お困りですか？」とたずねると、「何か手伝いましょうか？」という意味も含まれます。

落とし物をした人に声をかけるとき

✗ これ、あなたのですか

◯ こちら、落とされませんでしたか

実例 失礼ですが、こちら、落とされませんでしたか？

POINT 「これ」ではなく「こちら」です。また、見知らぬ人にいきなり「あなた」と言うのは控えましょう。

隣りに座るとき

✗ ここ、いいですか

◯ 空いていますか

実例 お隣りのお席、空いていますか？

POINT たとえ空いているとわかっていても、隣りの人にひと声かけると印象がよくなります。

席を譲るとき

✗ 座ってください

◯ お掛けください

実例 よろしければ、お掛けください。

POINT 「座ってください」も間違いではありませんが、「お掛けください」のほうが、より丁寧な印象です。

席を譲ろうとして断られたとき

✗ そうおっしゃらずに……

○ 私はすぐに降りますので

実例 私はすぐに降りますので、どうぞ。

POINT 押し問答にならないように、相手が受け入れやすい理由を述べましょう。

順番を譲るとき

✗ どうぞどうぞ

○ お先にどうぞ

実例 よろしければ、お先にどうぞ。

POINT 順番待ちをしているさいに使える定番のフレーズです。

シーン

知人と話すとき

知人だからといって、傍若無人な態度はNGです。「親しき中にも礼儀あり」という言葉のとおり、どんな人にも敬意を表しましょう。

久しぶりに会ったとき

 久しぶり

 ご無沙汰しています

実例 ご無沙汰しています。お変わりありませんか？

POINT 「ご無沙汰」には、「連絡せずにすみません」と詫びる意味も含まれます。

年齢を聞くとき

 何歳ですか

 おいくつでいらっしゃいますか

実例 失礼ですが、工藤さんはおいくつでいらっしゃいますか？

POINT 不躾に年齢を聞くことは避けましょう。

趣味について聞くとき

✕ ○○は、やっているんですか

○ **○○は、なさっていますか**

実例 最近、釣りは、なさっていますか？

POINT 「やる・する」という砕けた言い方ではなく、「なさる」としましょう。

映画などを見たかどうかを聞くとき

✕ 見ましたか

○ **ご覧になりましたか**

実例 あの映画、ご覧になりましたか？

POINT 「ご覧になられる」としてしまうと、二重敬語になり、行き過ぎた表現です。

身につけているものをほめるとき

✕ 素敵な○○でいらっしゃいますね

○ **素敵な○○ですね**

実例 素敵なマフラーですね！

POINT 持ち物にまで尊敬語を使うのは過剰です。人以外に尊敬語は使わないようにしましょう。

相手の体を気遣うとき

✗ 風邪をひかないように

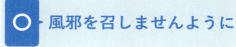
○ 風邪を召しませんように

実例 寒いので、風邪など召しませんように。

POINT 「風邪をひく」の尊敬語は「風邪を召す」となります。

また来ることを伝えるとき

✗ また来ます

○ また参ります

実例 来月、また参ります。

POINT 「来る」を「参る」と謙譲語にすると、丁寧な印象を与えます。

別れるとき

✗ それじゃあ

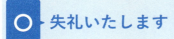
○ 失礼いたします

実例 それでは、失礼いたします。

POINT よほど親しい間柄でない限り、「それじゃあ」という言葉遣いは避けましょう。

> **シーン**
>
> ## お店などで
>
> お店で店員に対して、横暴な振る舞いをする人がいます。これは、店員だけでなく一緒にいる人に与える印象も悪くなります。

お店の人に声をかけるとき

✕ ちょっと

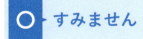
○ **すみません**

実例 すみません。注文をお願いします。

POINT 「ちょっと」と呼び止めてはいかにもぞんざいです。

お店の人にお代わりを頼むとき

✕ お代わり

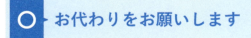
○ **お代わりをお願いします**

実例 すみません。お代わりをお願いします。

POINT 「〜をお願いします」と加えるだけで、丁寧な印象に変わります。

お店の人に詳しく話を聞くとき

 別の色はないの

他の色のものはありますか

実例 すみません。これと同じタイプで、他の色のものはありますか？

POINT 客の立場であっても、質問やお願いをするときは丁寧にしましょう。

トイレを借りるとき

 トイレどこ

お手洗いはどこですか

実例 すみません。お手洗いはどこですか？

POINT 「どこ？」は、ぞんざいな印象です。「トイレ」と言うより「お手洗い」のほうが丁寧です。

会計を申し出るとき

 おあいそ

お会計

実例 お会計をお願いします。

POINT 「おあいそ」は本来「客に愛想をつかす」という意味で、店側が使っていた隠語です。

シーン

結婚式で

結婚式では、祝意が伝わる言葉を使いましょう。スピーチをするときは、ハキハキと大きな声で明るく話すことが大切です。

受付のとき

✗ お祝いです

○ **お祝いのしるしです**

実例 本日はおめでとうございます。こちらはお祝いのしるしです。

POINT 単に「お祝いです」では、少々淡泊な印象を与えます。

席で隣り合わせた人への挨拶

✗ どうも

○ **はじめまして**

実例 はじめまして。私、新郎の友人の三井と申します。

POINT 初対面の相手に対して、緊張してつい「どうも」から入ってしまいますが、しっかり挨拶をしましょう。

スピーチをはじめるとき

✗ こんにちは

○ ただいまご紹介にあずかりました

実例 ただいまご紹介にあずかりました、新郎の友人の三井です。

POINT このフレーズは、スピーチの最初に自己紹介をするときの枕詞と言っていいでしょう。

スピーチを終えるとき

✗ これで終わります

○ お祝いの言葉とさせていただきます

実例 お二人の末永い幸せを祈り、お祝いの言葉とさせていただきます。

POINT 「終わる」は、結婚式などでは避けるべき「忌み言葉」ですので、使わないようにしましょう。

会場をあとにするときの新郎新婦への挨拶

✗ 失礼します

○ おめでとうございました

実例 本日は誠におめでとうございました。

POINT 帰るときの挨拶も、きちんと祝意を込めたものにしましょう。

シーン

葬儀で

葬儀では、遺族に声をかけるなど、コミュニケーションを取る機会が意外に多くあります。そんなときは、小さな声で話しましょう。

訃報を聞いたとき

✗ 驚きました

○ **言葉が見つかりません**

実例 突然のことで、言葉も見つかりません。

POINT 驚きと悲しみのニュアンスを込めた「言葉が見つからない」というのが、定番フレーズです。

受付で

✗ こちら香典（こうでん）です

○ **ご霊前（れいぜん）にお供えください**

実例 こちら、ご霊前にお供えいただけますでしょうか。

POINT 「香典です」という言い方はしません。定型表現として覚えましょう。

遺族に対して

❌ ご病気は何だったのですか？

⭕ ご愁傷様です

実例 このたびは、ご愁傷様です。

POINT いろいろ聞きたいことがあったとしても、葬儀では哀悼の意を伝えるのみとしましょう。

故人を悼むとき

❌ 残念でした

⭕ お悔み申し上げます

実例 このたびは、心よりお悔み申し上げます。

POINT 悲しく残念な気持ちを遺族に伝える「お悔み申し上げる」が定番フレーズです。

故人との対面をすすめられたとき

❌ お言葉に甘えて

⭕ ひと目だけお目にかかります

実例 それでは、ひと目だけお目にかからせていただきます。

POINT 「お言葉に甘えて」というのは、一見丁寧ですが、この場ではふさわしくありません。

おわりに

　敬語をはじめとする「モノの言い方」において、最も大切なことは、相手を敬う気持ちです。
「言葉」は、相手を気遣うことの、ひとつの手段です。
　いくら正しい言葉遣いをしていたとしても、尊大な態度だったり、つっけんどんな姿勢だったりすると、いわゆる「慇懃無礼」となり、全く意味がなくなってしまいます。
　人間関係を円滑にするための、自分の周囲に対する気配りの延長線上に敬語があると思っていただければいいのではないでしょうか。

　私はかつて、人間関係で非常に苦労しました。
　そこにはもちろん様々な原因があったのですが、最大のものは、私の「言葉遣いの悪さ」だったのです。
　きちんとした言葉遣いができていなかったために、全く意図せず、なぜか相手を怒らせてしまったり、冷たいと思われたりしていたのです。

そのことに気づいてからは、言葉に気をつけるよう
になりました。すると、徐々に人間関係が改善してい
く手応えを感じることができました。

　ここまで何度も述べてきましたが、「モノの言い
方」の基本は「敬語」です。正しい敬語をマスターす
ることで、あなたの「モノの言い方」はさらに上達す
ることでしょう。

　本書は、2018年に「事典シリーズ」の1冊として刊
行された『たった一言で印象が変わる！　敬語の使い
方事典』を、より使いやすい形に再編集したものです。

　本書があなたの人間関係を向上させる一助になるな
ら、これほど嬉しいことはありません。

　最後までお読みいただき、ありがとうございました。

佐藤幸一

敬語への言い換え早見表

通常の話し言葉を敬語に言い換えたフレーズを一覧にしました。場面に応じて適切な言葉を選べるように、活用してください。

敬語表

	尊敬語	謙譲語	丁寧語
会う	お会いになる 会われる	お目にかかる お会いする	会います
与える	お与えになる くださる	差し上げる	あげます 与えます
言う	おっしゃる 言われる	申し上げる 申す	言います
行く	いらっしゃる おいでになる	参る うかがう	行きます
いる	いらっしゃる おいでになる	おる	います
思う	お思いになる 思われる	存ずる	思います

考える	お考えになる	考える	考えます
聞く	お聞きになる	拝聴する うかがう	聞きます
来る	いらっしゃる お見えになる お越しになる	参る	来ます
知る	ご存じ	存じ上げる 存ずる	知ります
する	なさる される	いたす	します
尋ねる	お尋ねになる	うかがう	尋ねます
食べる	召し上がる	いただく	食べます
見る	ご覧になる 見られる	拝見する	見ます
もらう	お受け取りになる お納めになる	いただく 頂戴する	もらいます
わかる	ご理解 ご承知 おわかりになる	かしこまる 承る 承知する	わかります
渡す	お渡しになる	お渡しする お渡しいたします	渡します

付録 敬語への言い換え早見表

人や会社に関する言葉の言い換え

用語	➡	敬語
僕、私	➡	わたくし
僕たち、私たち	➡	わたくしども
あなた	➡	貴殿／あなた様
自分のお父さん、お母さん	➡	父／父親、母／母親
相手の両親	➡	ご両親様／親御様
相手のお父さん	➡	お父様／ご尊父様
相手のお母さん	➡	お母様／ご母堂様
夫、妻	➡	夫、妻／家内／女房
息子、娘	➡	せがれ／息子、娘
相手の旦那さん、奥さん	➡	ご主人、奥様
高齢者 お年を召された方	➡	ご年配の方
どの人	➡	どなた様、どちら様
あの人	➡	あの方
みんな	➡	皆様、ご一同様
自分の会社	➡	弊社／当社
相手の会社	➡	御社 貴社（文面で使用する）
自分の会社の人	➡	弊社の者／当社の者
相手の会社の人	➡	御社の方 貴社の方（文面で使用する）

日付、時間に関する言葉の言い換え

用語	➡	敬語
今日（きょう）	➡	本日（ほんじつ）
昨日（きのう）	➡	昨日（さくじつ）
一昨日（おととい）	➡	一昨日（いっさくじつ）
明日（あした）	➡	明日（みょうにち）
明後日（あさって）	➡	明後日（みょうごにち）
今日の朝	➡	今朝（けさ）ほど
今日の夜	➡	今夜、今晩
昨日の夜	➡	昨夜
明日の朝	➡	明朝
明日以降	➡	後日
今年	➡	本年
去年	➡	昨年
一昨年（おととし）	➡	一昨年（いっさくねん）
今	➡	ただ今
さっき	➡	先ほど
この間	➡	先日／先頃
前に	➡	以前に
今度	➡	このたび

付録　敬語への言い換え早見表

これから	➡	今後
あとで	➡	後ほど
少し、ちょっと	➡	少々
もうすぐ	➡	間もなく
すぐに	➡	早速／直ちに

場所や数に関係する言葉の言い換え

用語	➡	敬語
ここ／こっち	➡	こちら
あっち	➡	あちら
そっち	➡	そちら
どこ／どっち	➡	どちら
家	➡	お宅／貴宅
住んでいる土地	➡	御当地／貴地
一人	➡	お一人様
二人	➡	お二人様／お二方
三人	➡	お三方
一つ	➡	おひとつ
いくら	➡	いかほど／おいくら
～ぐらい	➡	～ほど

ビジネスで使う言葉の言い換え

一般的な表現	➡	丁寧な言い方
ありがとう	➡	ありがとうございます
ごめんなさい	➡	失礼いたしました
すみません	➡	申し訳ございません
わかりました	➡	承知いたしました
了解しました	➡	かしこまりました
どうしますか？	➡	いかがいたしましょうか？
そうです	➡	さようでございます
いいですか？	➡	よろしいですか？
できません	➡	いたしかねます
やめてください	➡	ご遠慮願います
わかりません	➡	わかりかねます
私は○○です	➡	私は○○と申します
あとで行きます	➡	あとでおうかがいします
今日は帰ります	➡	本日は失礼いたします
ただいま	➡	ただいま戻りました
いらっしゃい	➡	いらっしゃいませ
はじめまして	➡	はじめてお目にかかります
さようなら	➡	失礼いたします

付録 敬語への言い換え早見表

佐藤幸一（さとう・こういち）

1961年大阪府生まれ。大学卒業後、大手広告代理店で働きはじめるが、月間200時間にもおよぶ残業と職場の人間関係に悩まされ、3年で退職。両親が営む会社で働くも業績悪化により会社は倒産、多額の借金を背負い再就職活動へ。このときの活動で悩んだことをきっかけに、コミュニケーションや心理学を研究する。その後、不動産会社の営業として再就職を果たし、5年で借金を返済。現在は、コンサルタントとして大手企業の人材育成や職場のコミュニケーション活性化支援をライフワークとしている。著書に『誰とでも一瞬でうちとけられる！ すごいコミュニケーション大全』『見るだけで語彙力アップ！ 大人の「モノの言い方」ノート』『見るだけで語彙力アップ！ ビジネスに効く 大人の「漢字」ノート』（総合法令出版）などがある。好物は、あんぱんと餃子。

視覚障害その他の理由で活字のままでこの本を利用出来ない人のために、営利を目的とする場合を除き「録音図書」「点字図書」「拡大図書」等の製作をすることを認めます。その際は著作権者、または、出版社までご連絡ください。

新人からベテランまで使える
大人のための敬語の使い方BOOK

2021年7月21日　初版発行

著　者　佐藤幸一
発行者　野村直克
発行所　総合法令出版株式会社
　　　　〒103-0001 東京都中央区日本橋小伝馬町 15-18
　　　　　　　　　EDGE 小伝馬町ビル9階
　　　　　　　　　電話　03-5623-5121
印刷・製本　中央精版印刷株式会社

落丁・乱丁本はお取替えいたします。
©Koichi Sato 2021 Printed in Japan
ISBN 978-4-86280-809-7
総合法令出版ホームページ　http://www.horei.com/